"ZEN-MAGIE: ENTDECKE DIE KUNSTVOLLEN MANDALAS DER GELASSENHEIT"

Willkommen zu "Zen-Magie:

Entdecke die kunstvollen Mandalas der Gelassenheit".

In diesem besonderen Malbuch findest du eine Sammlung
einzigartiger Mandalas,
die speziell dafür entworfen wurden,
dich in einen Zustand tiefer Entspannung
und innerer Ruhe zu versetzen.

Jedes Mandala ist ein kunstvoll gestaltetes Muster,
das dich einlädt,
deine Kreativität auszuleben
und gleichzeitig Stress abzubauen.

Nimm dir Zeit, tauche in die Welt der Farben ein
und finde deine persönliche
Oase der Gelassenheit.

Lass dich von der Magie der Mandalas verzaubern
und
entdecke die transformative Kraft
der Achtsamkeit und des kreativen Ausdrucks.

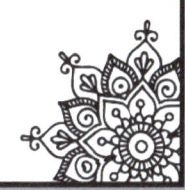

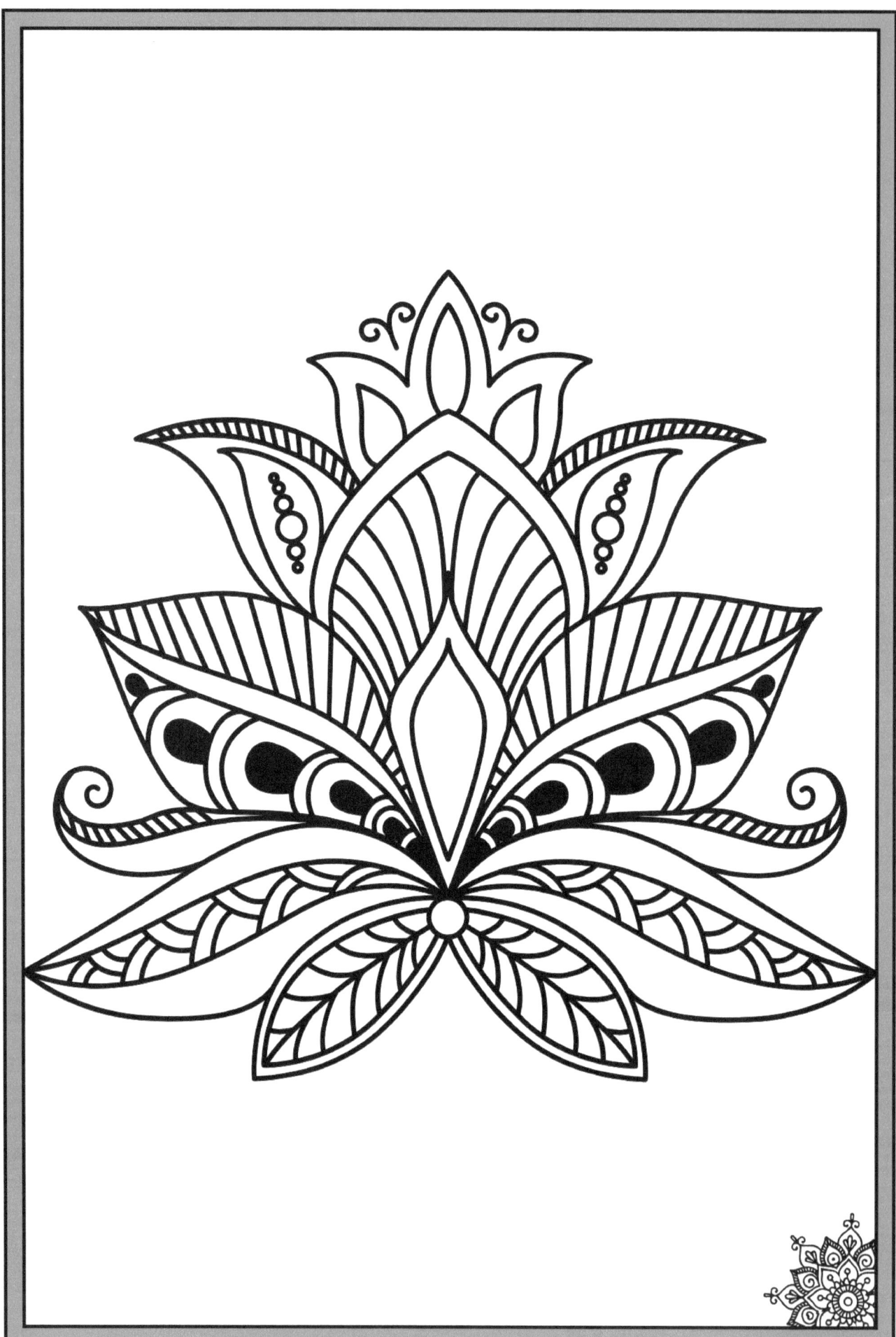

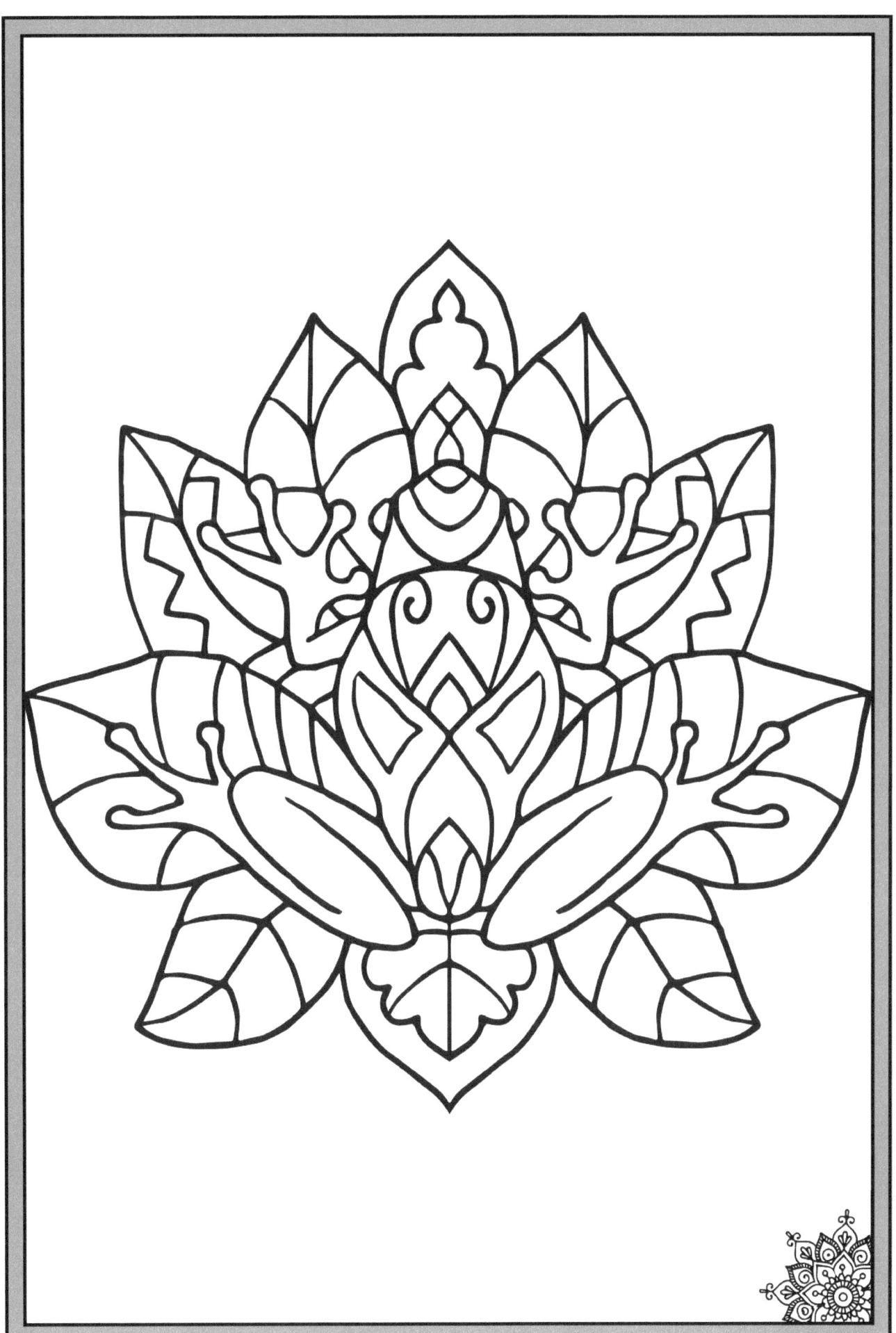

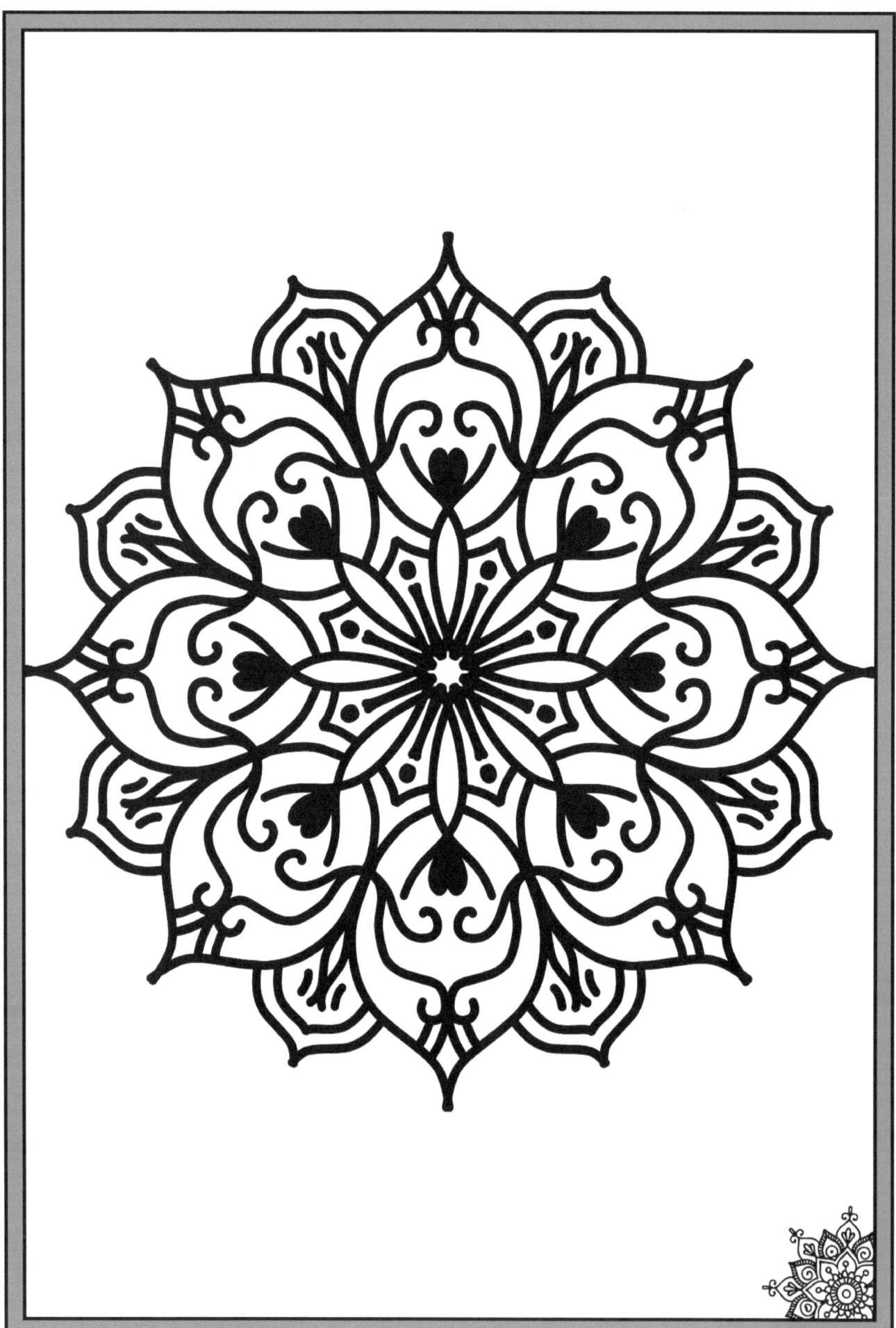

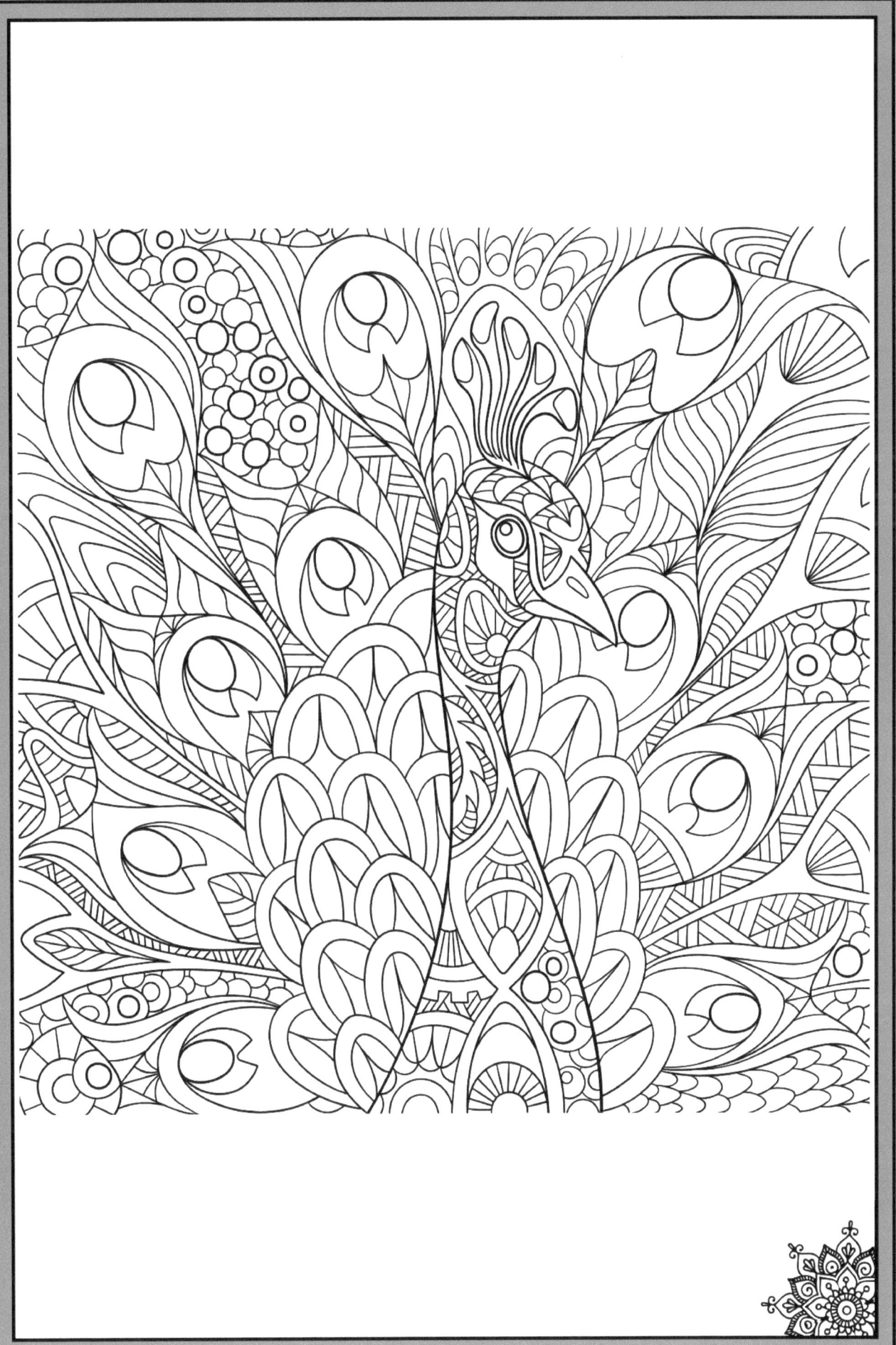

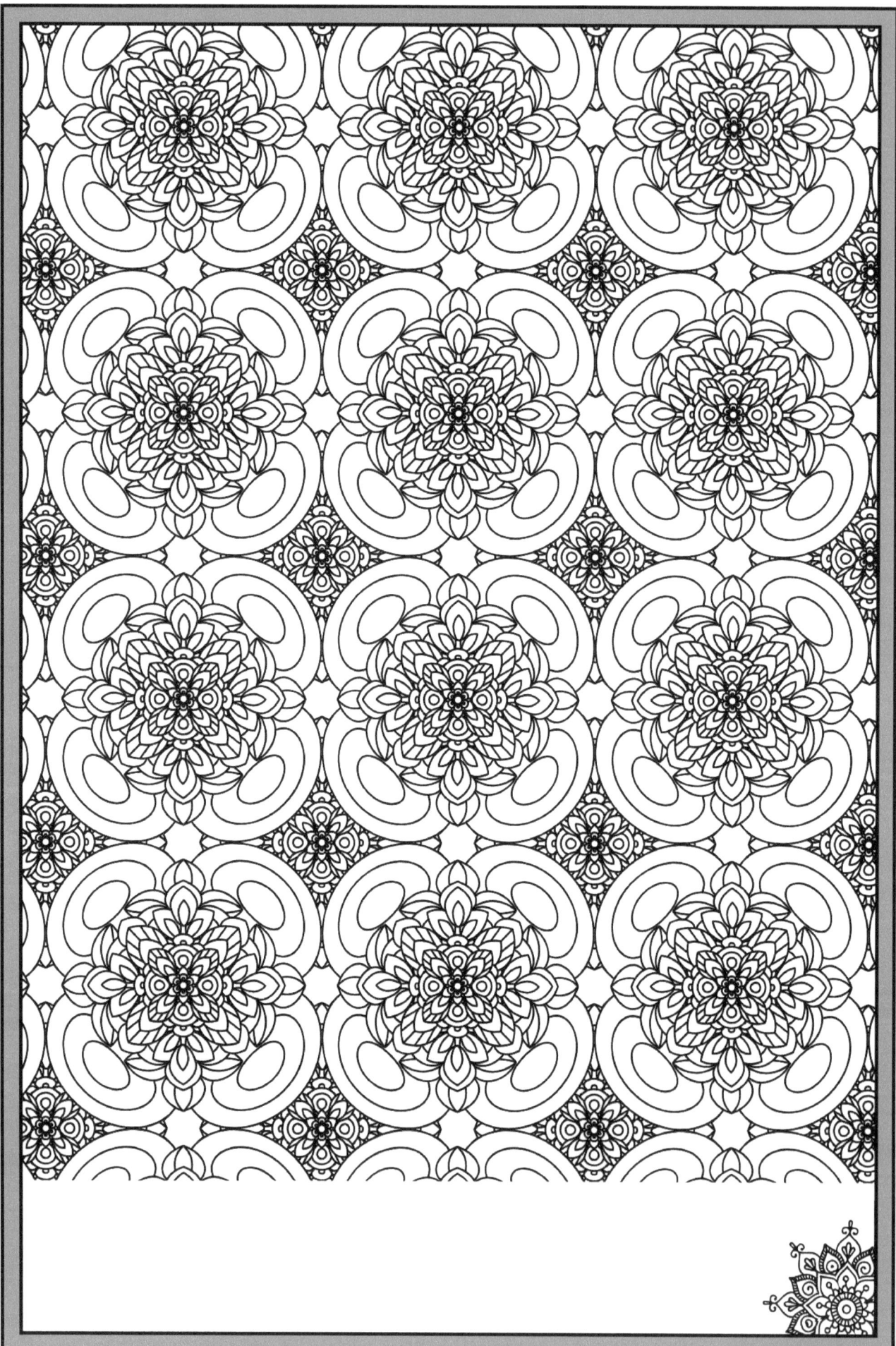

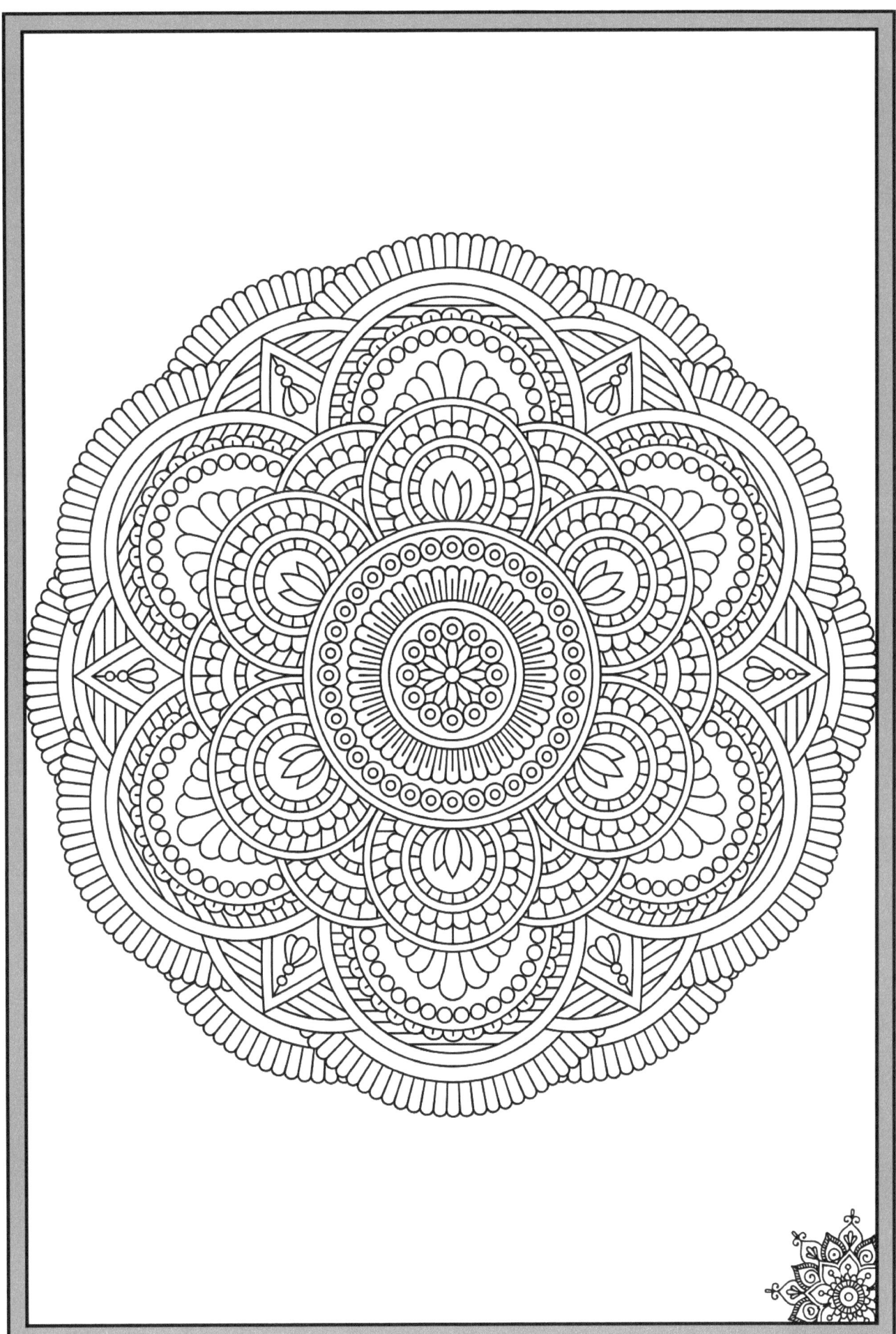

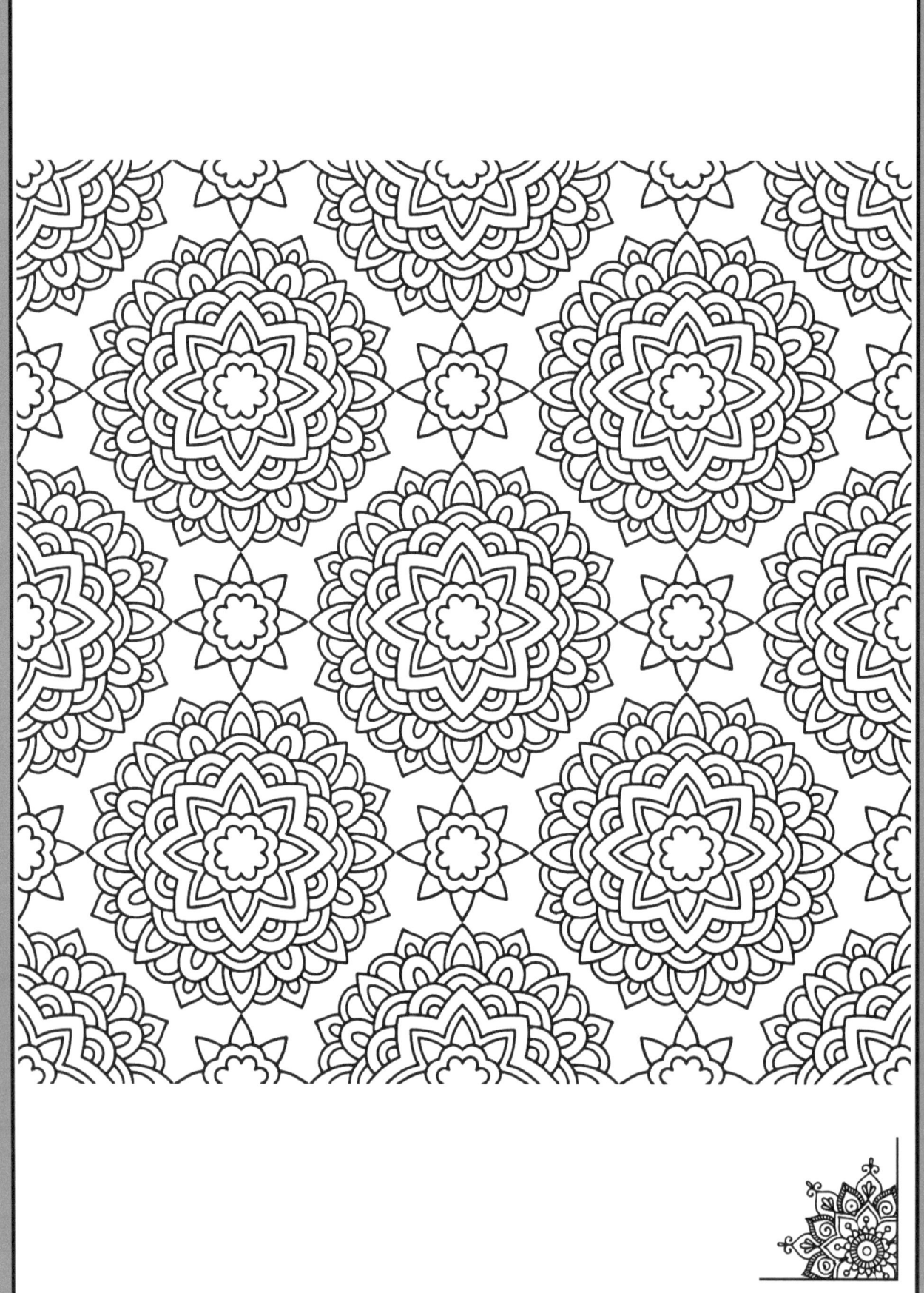

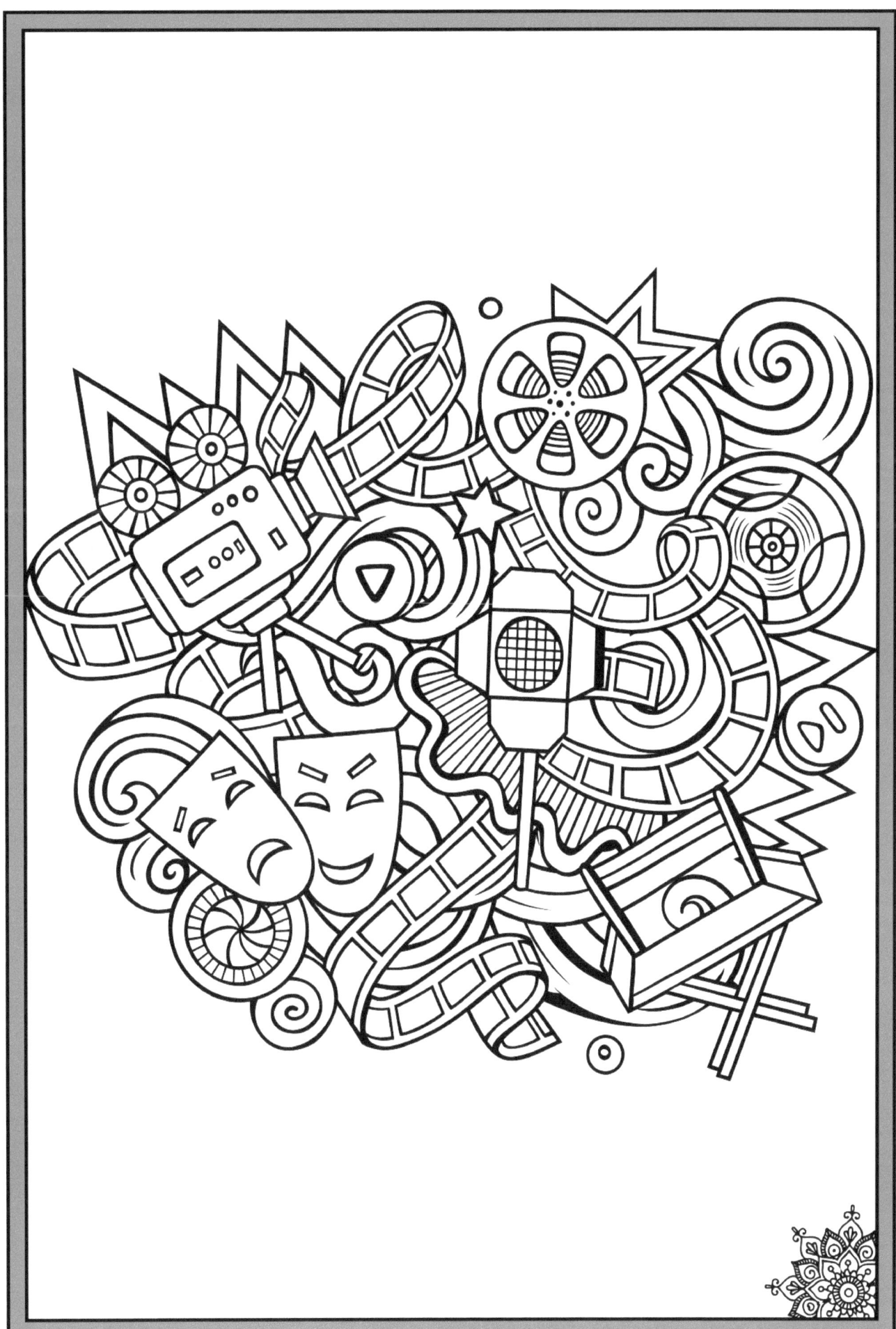

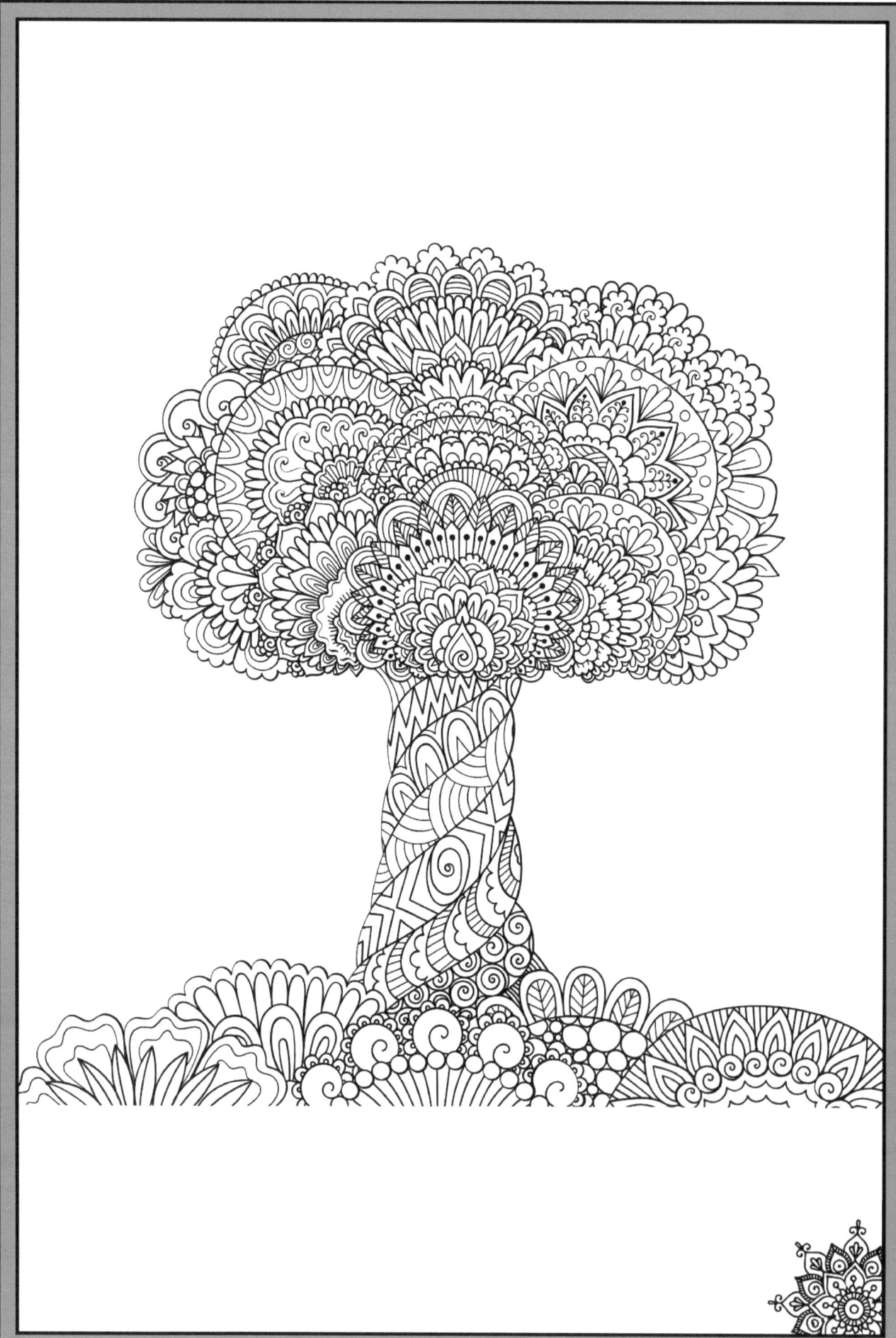

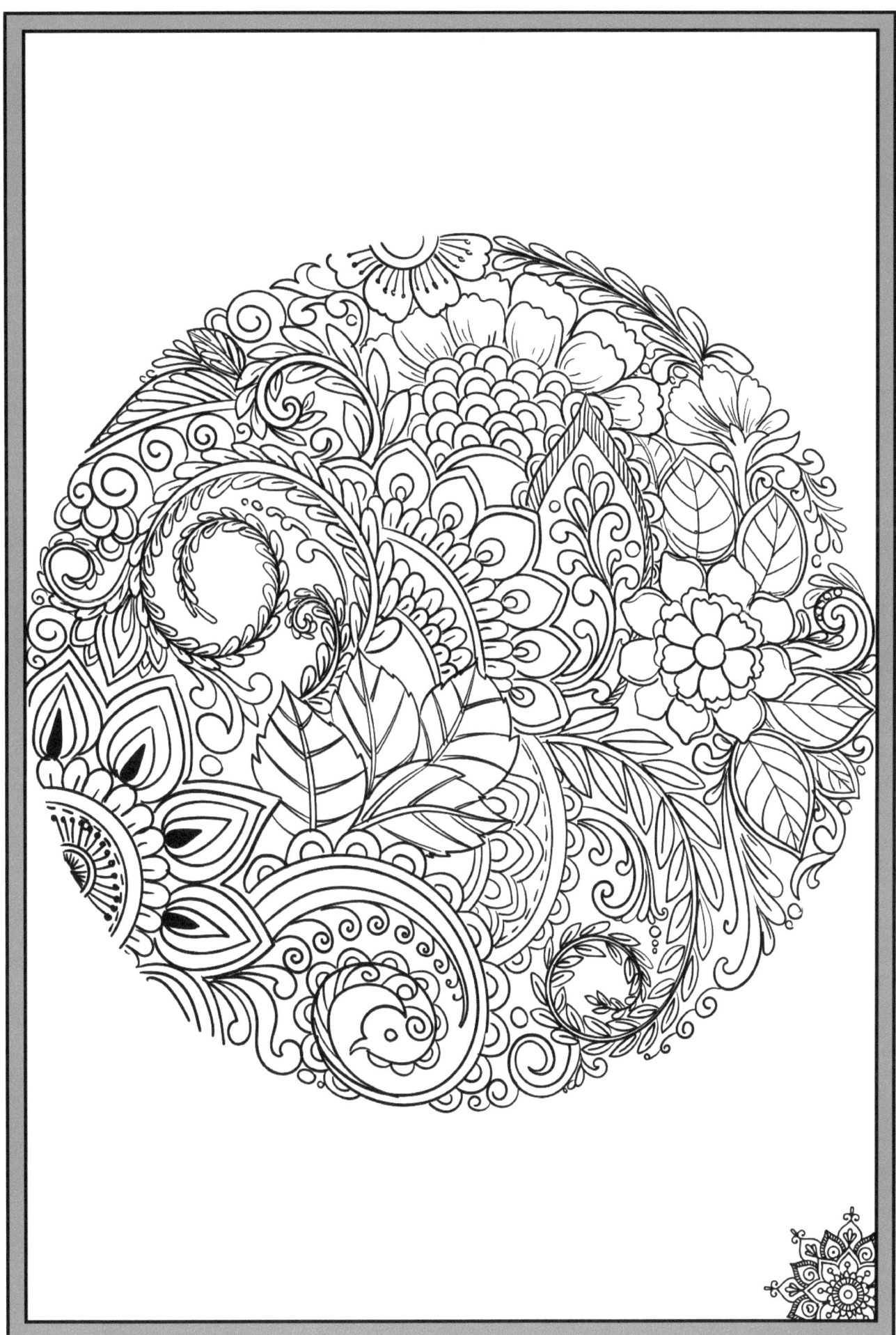

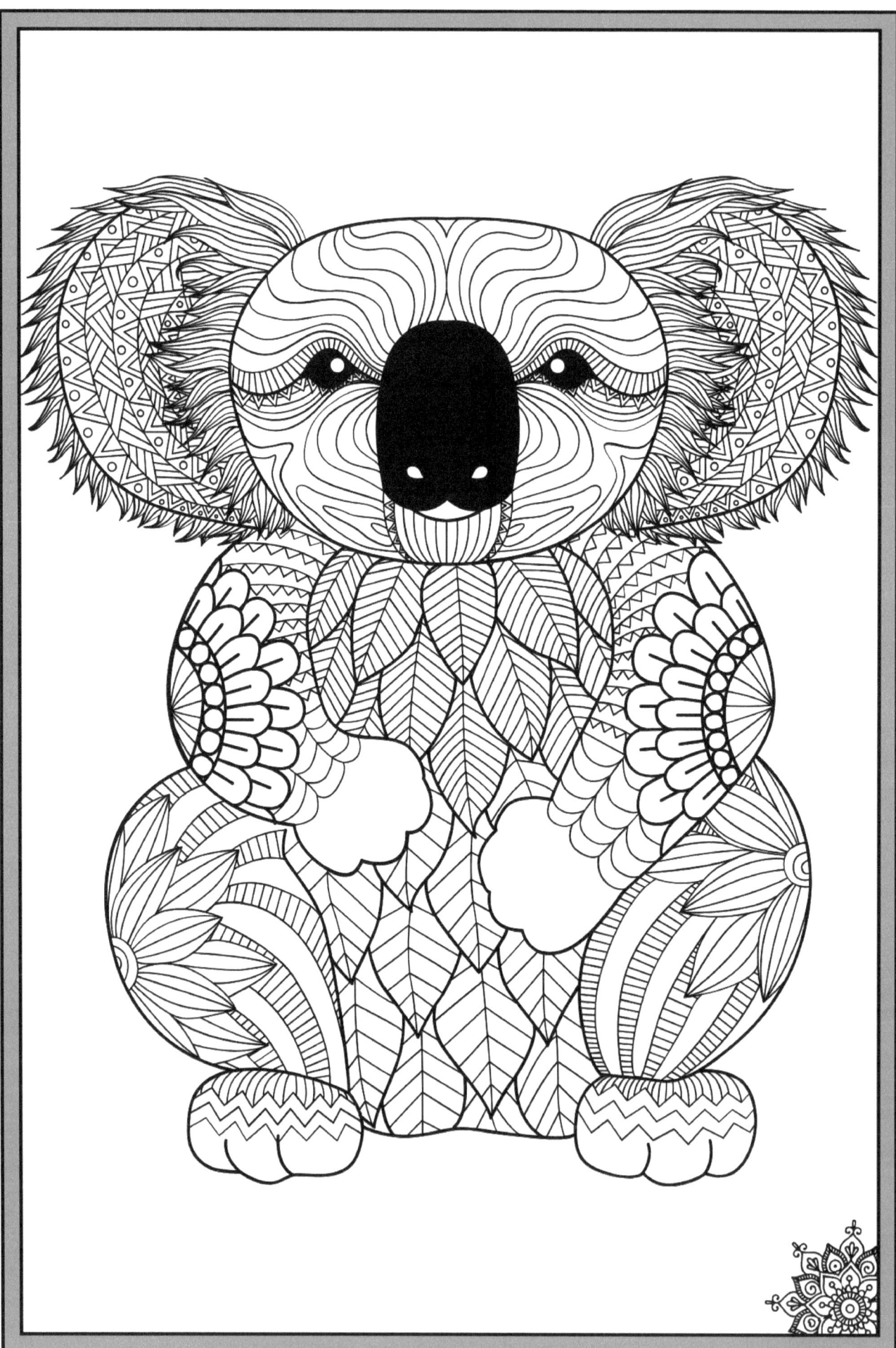

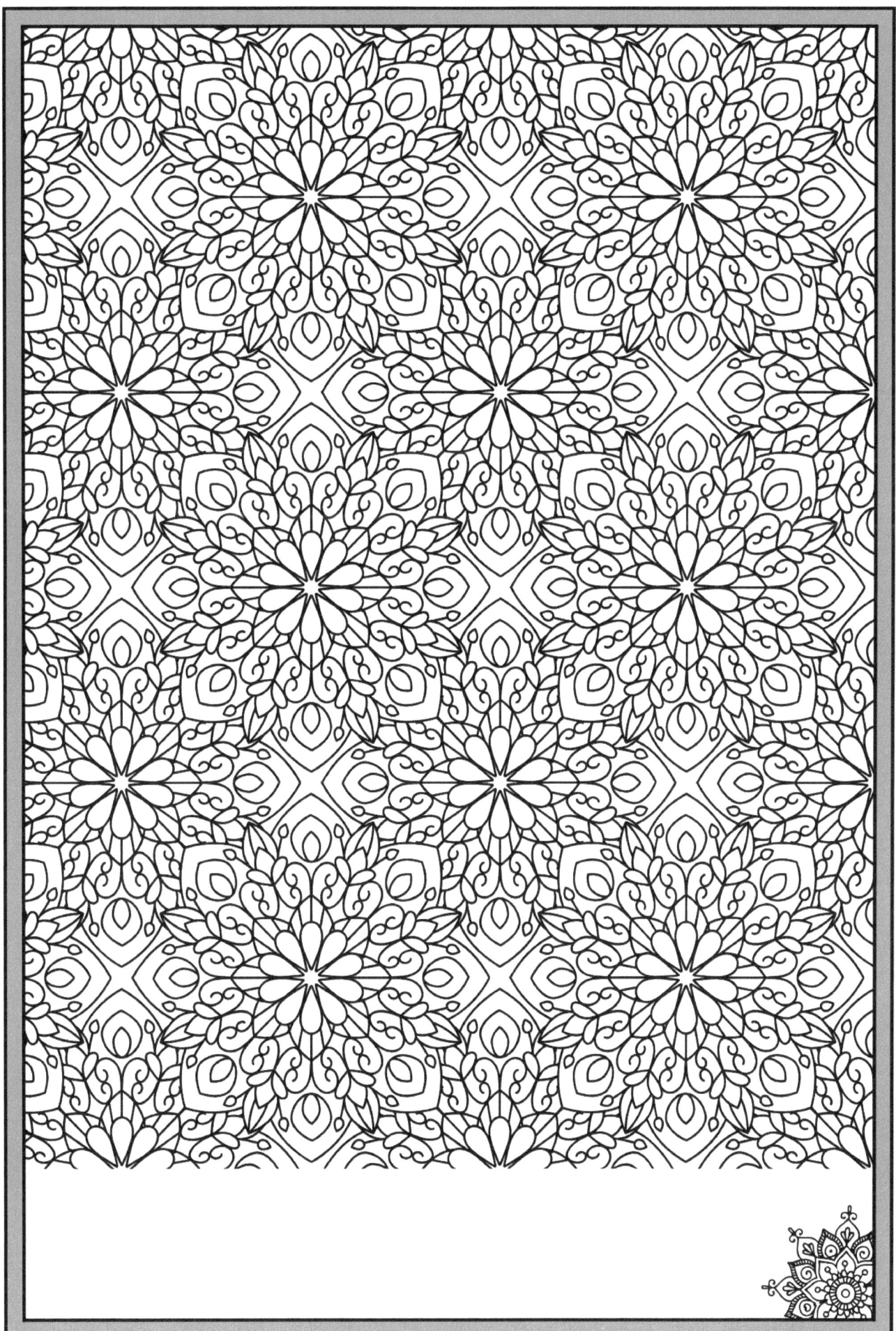

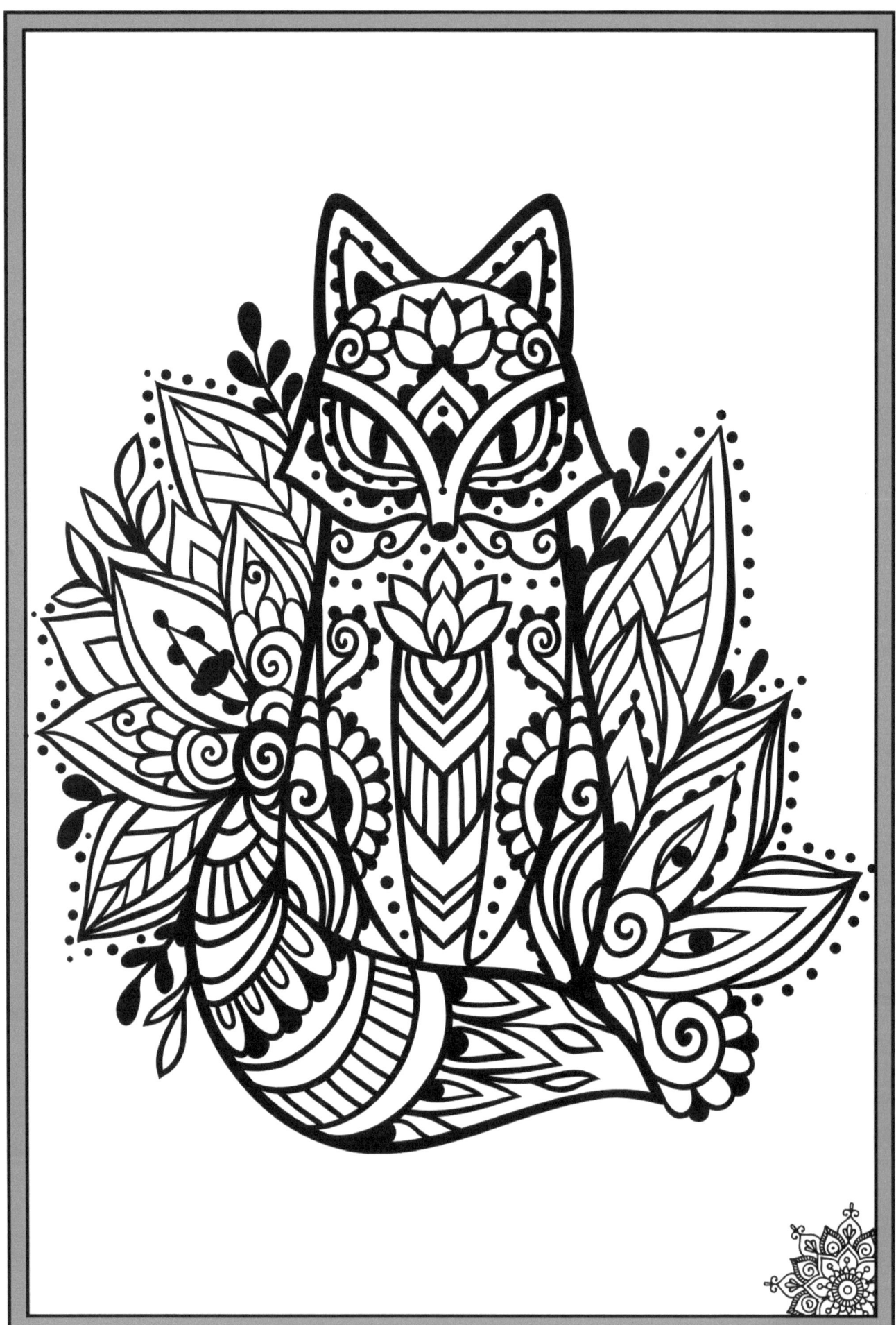

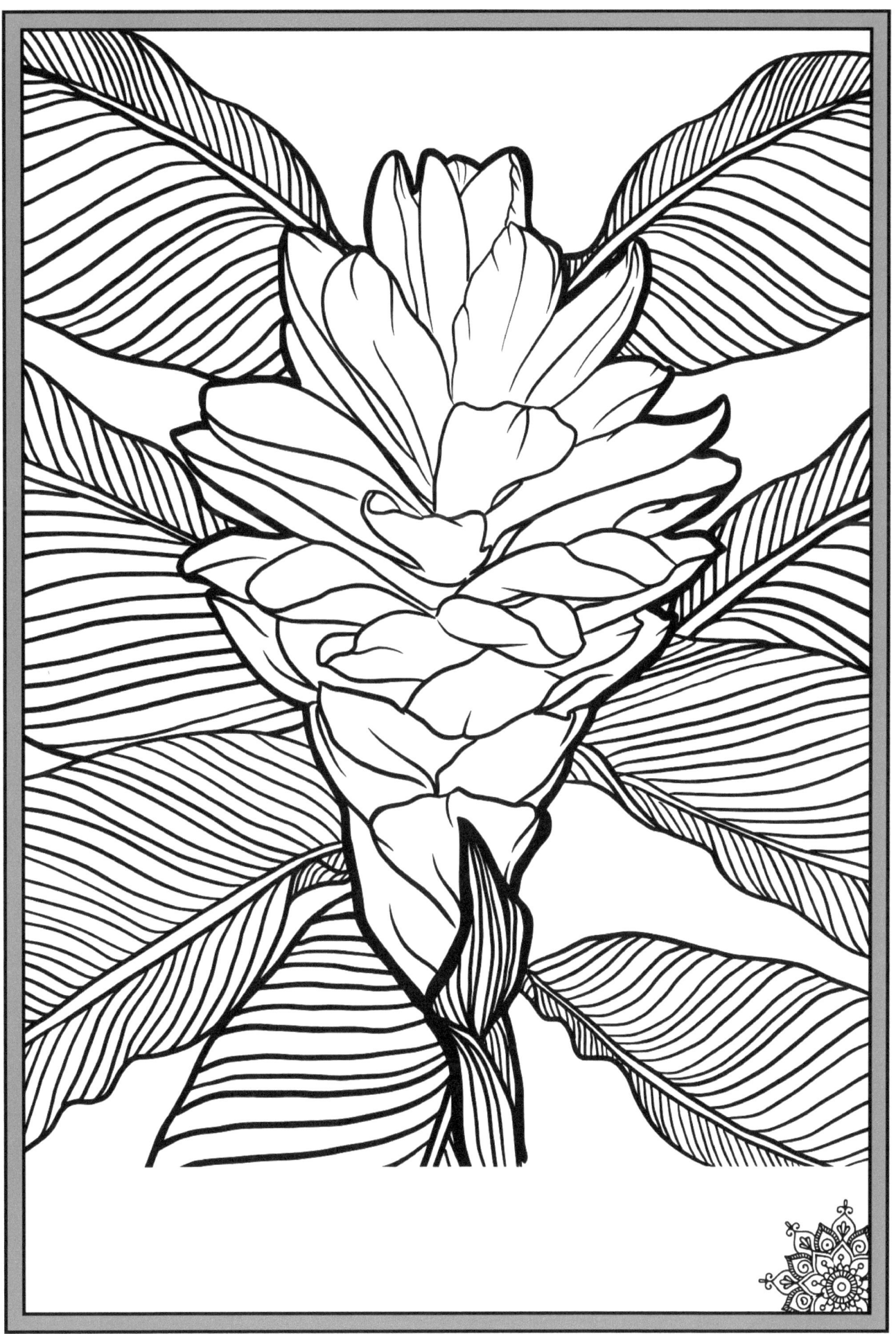

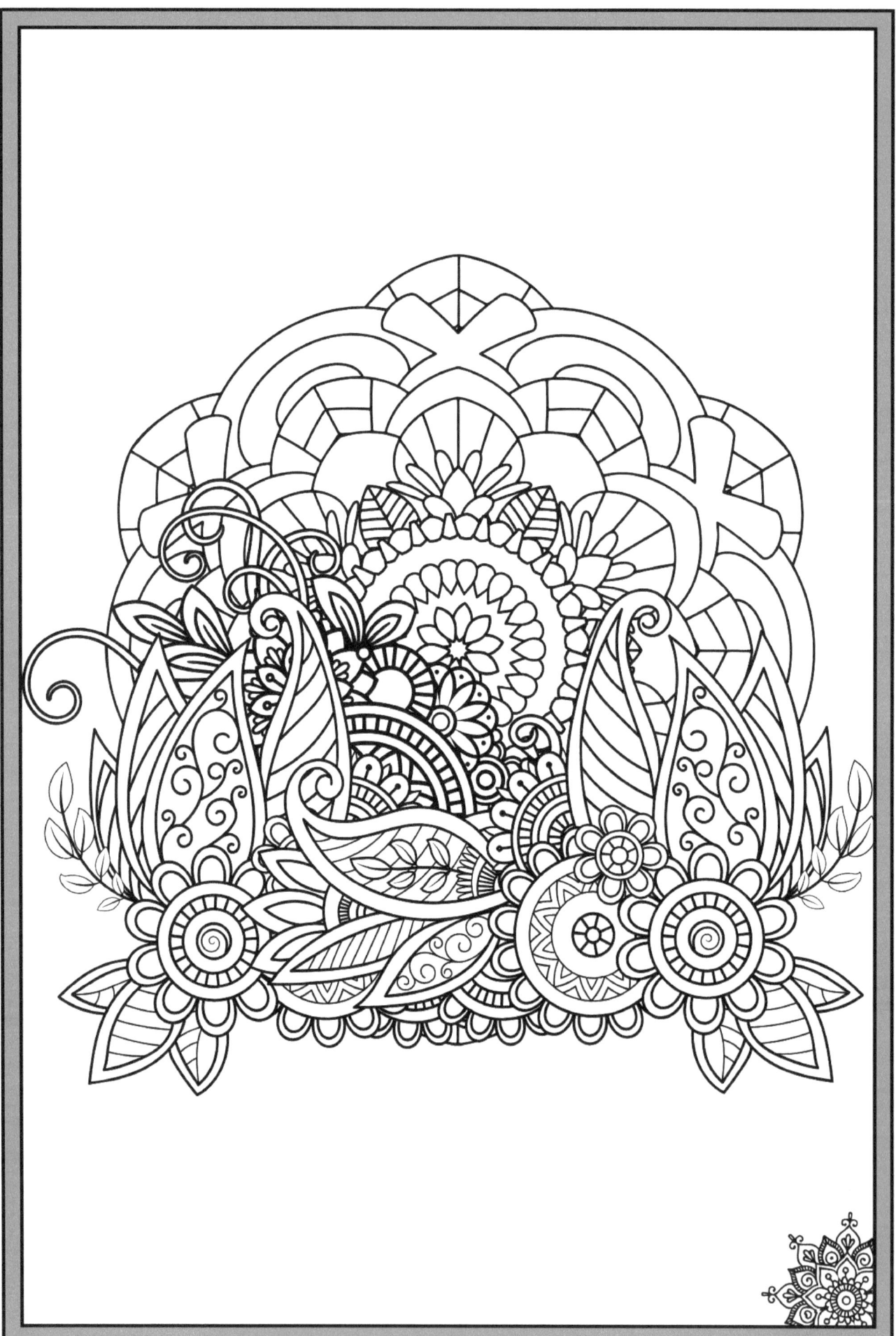

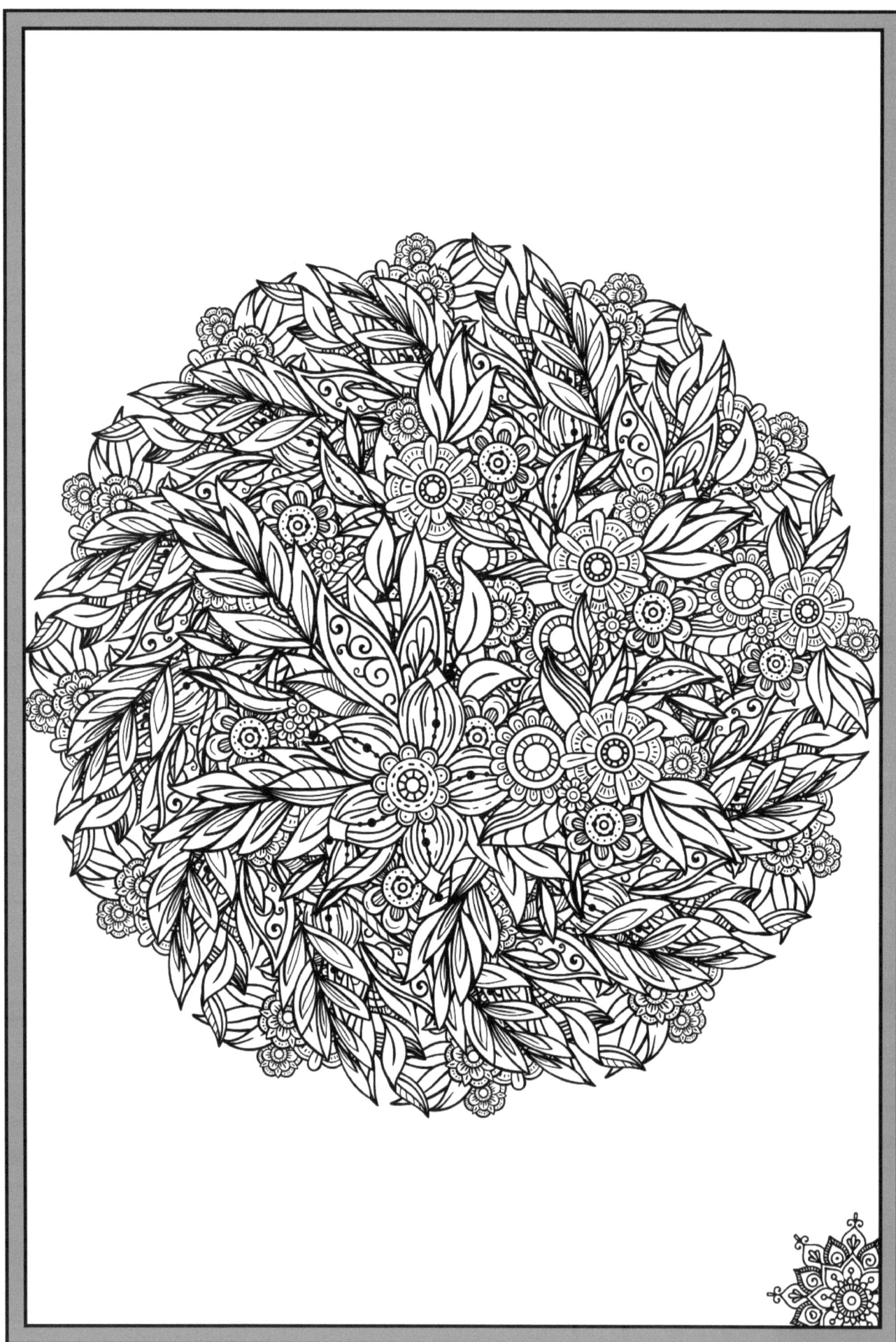

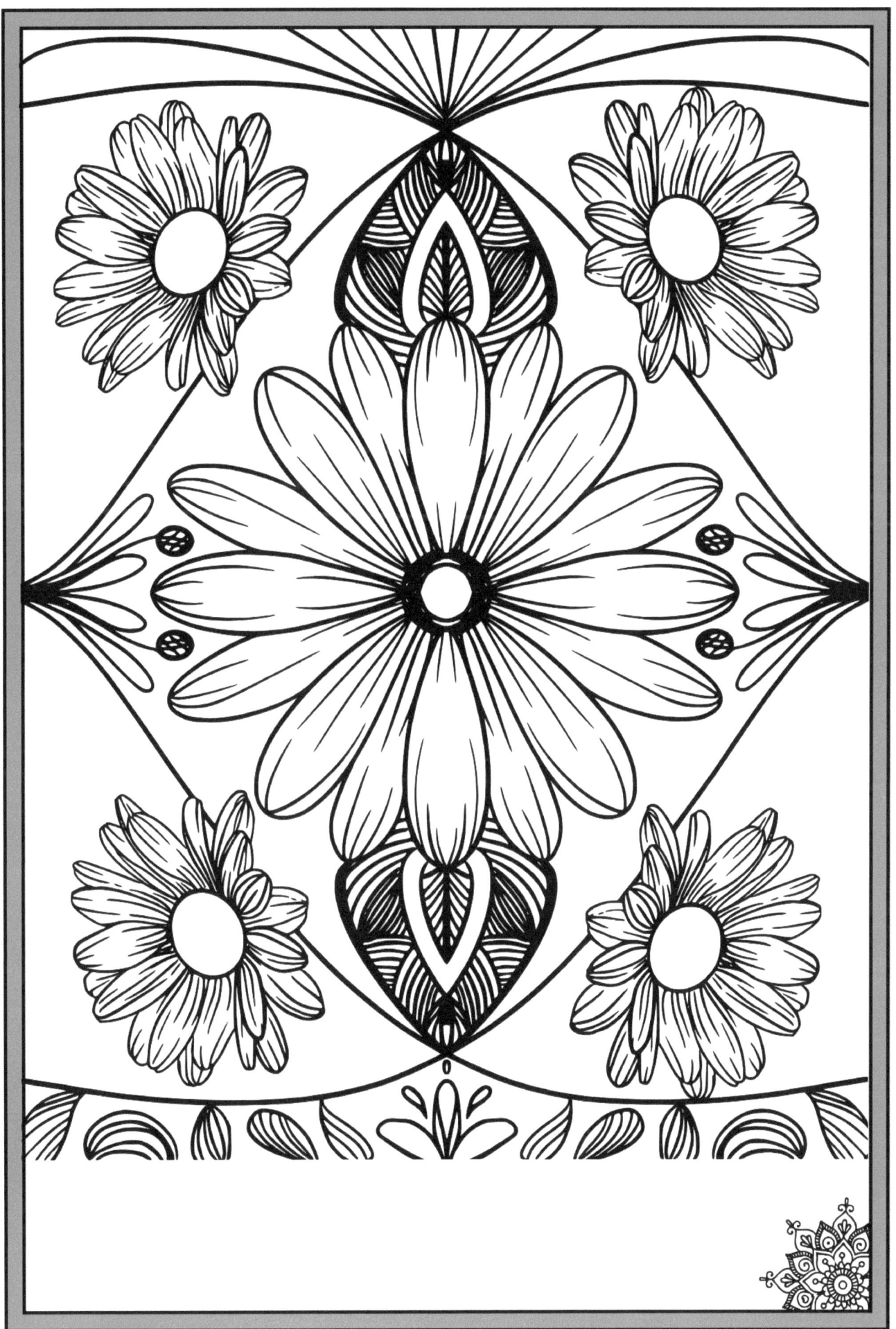

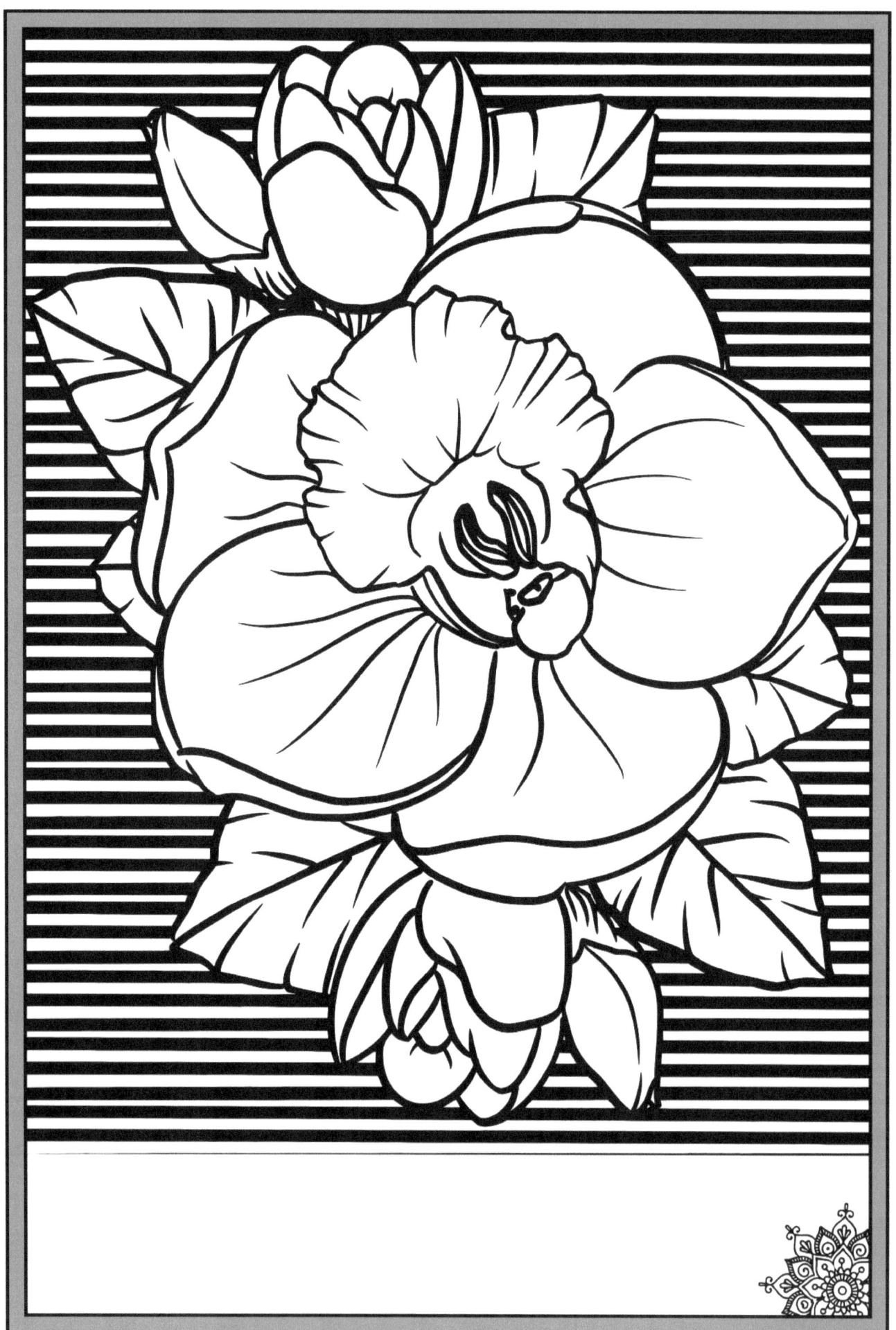

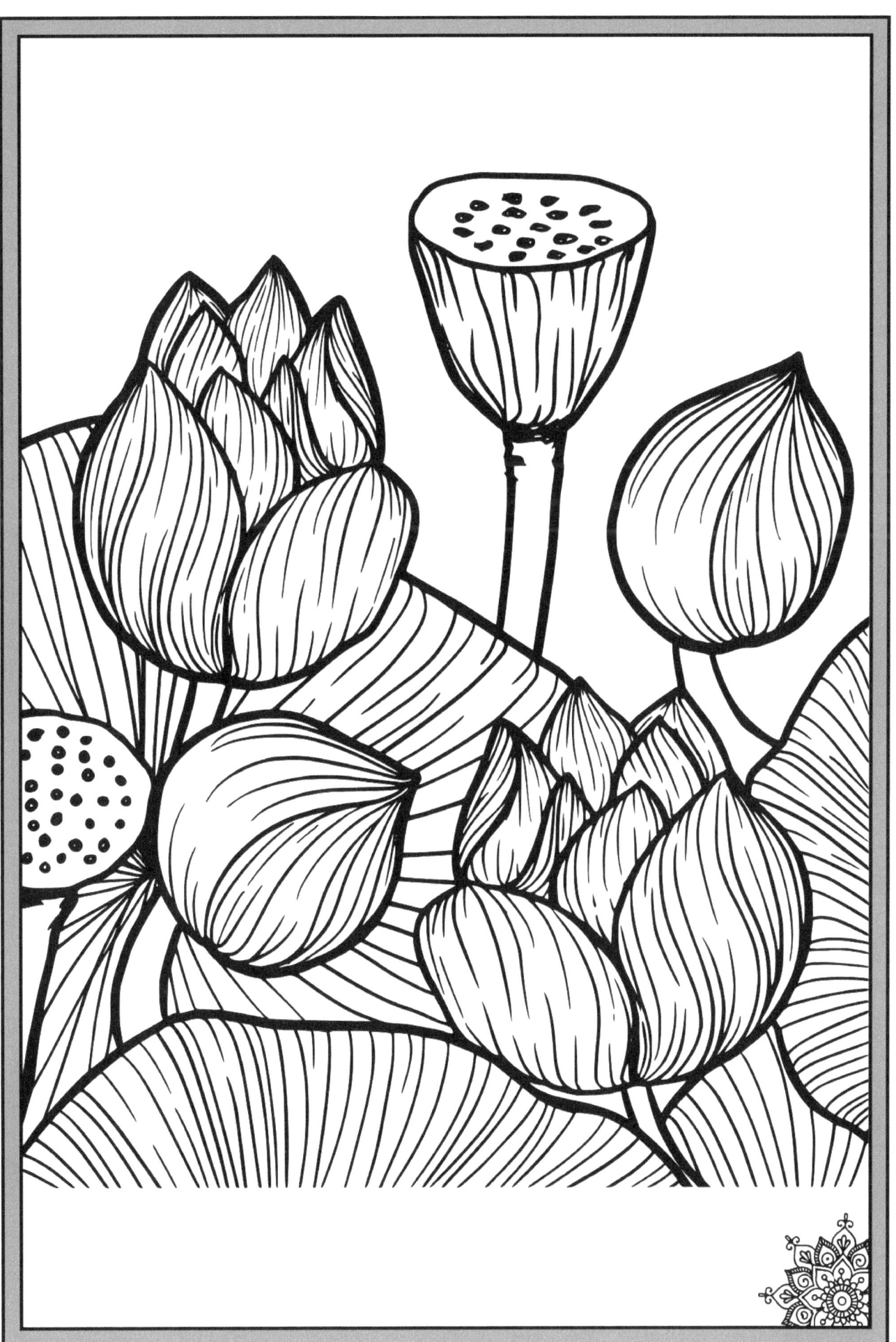

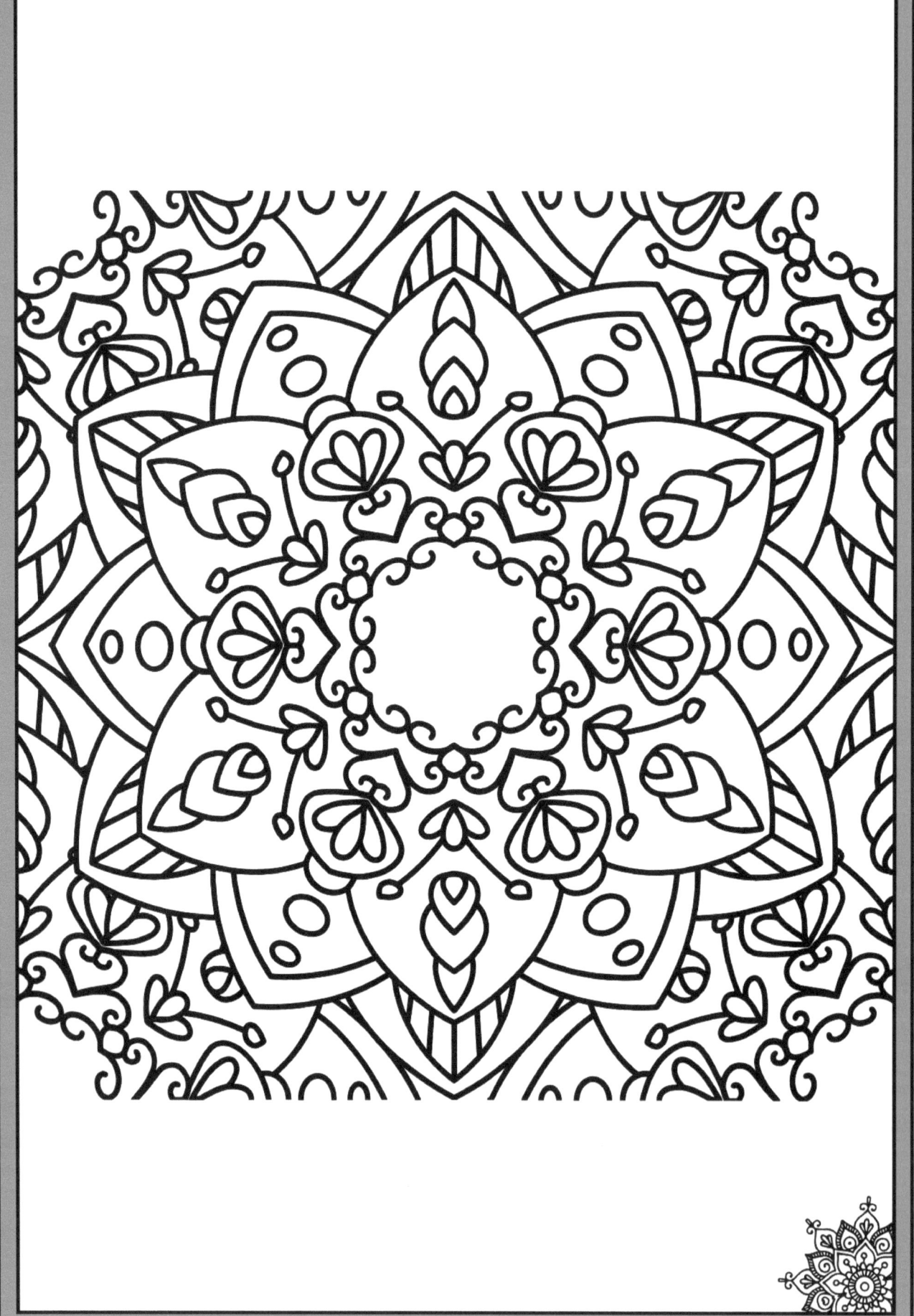

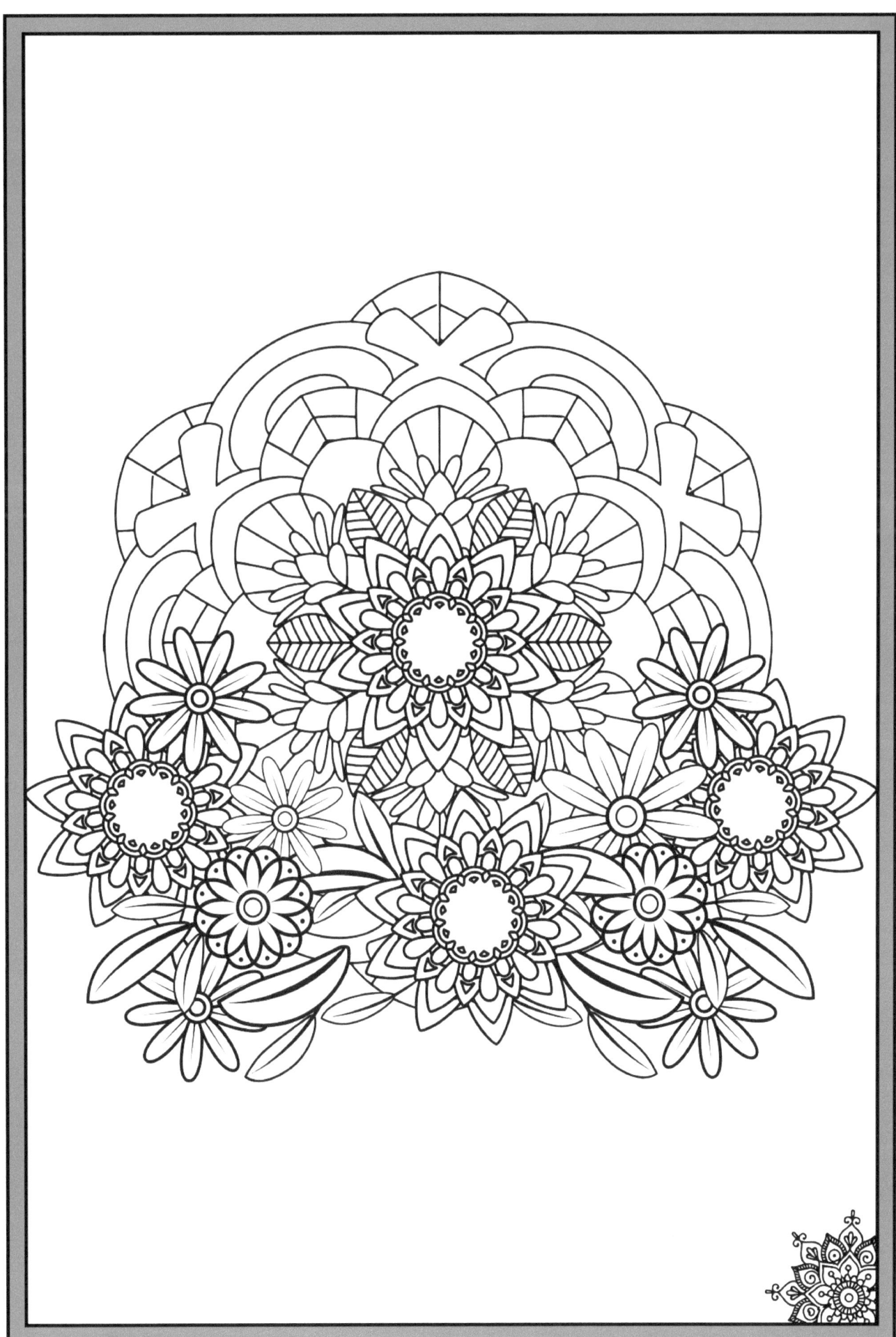

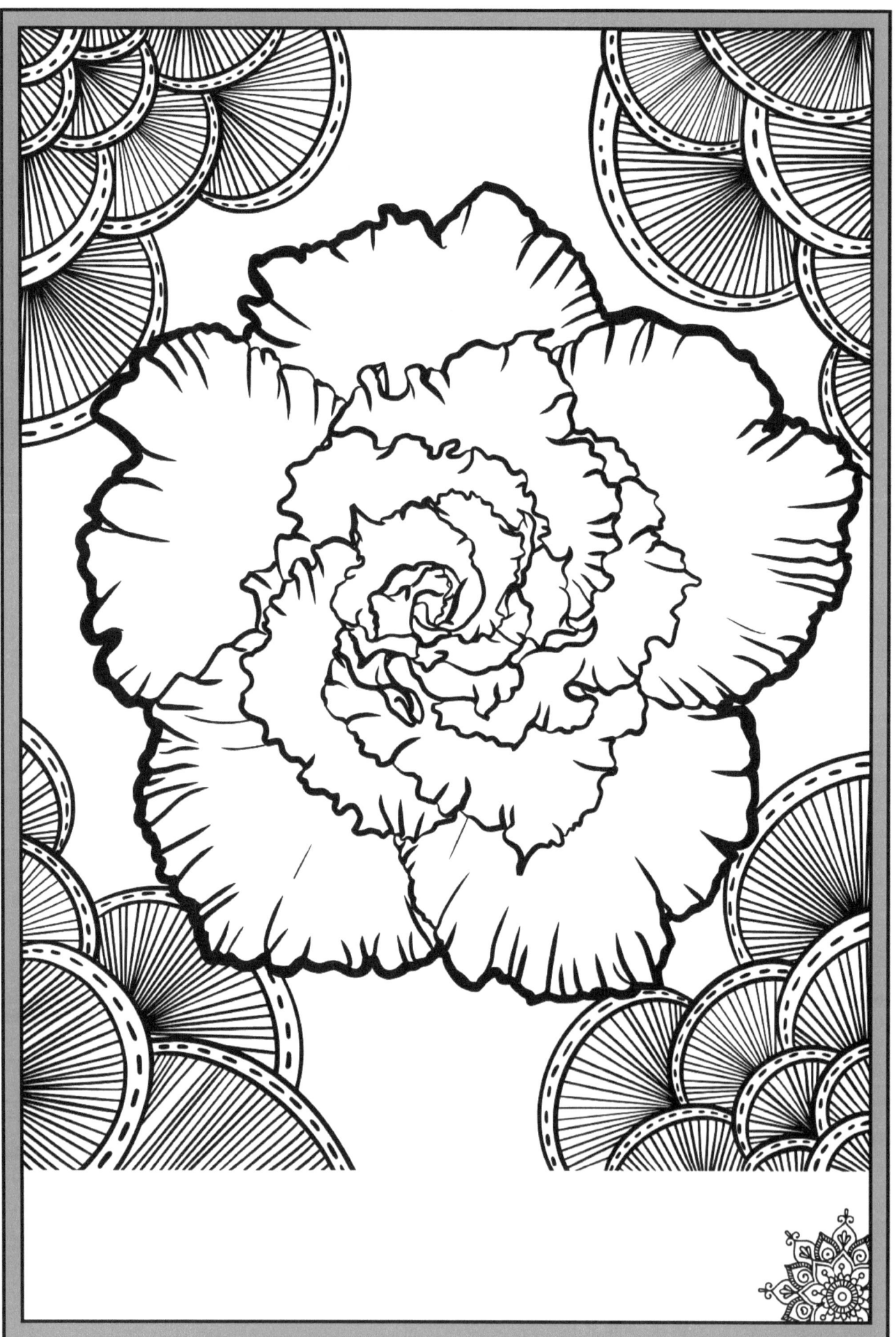

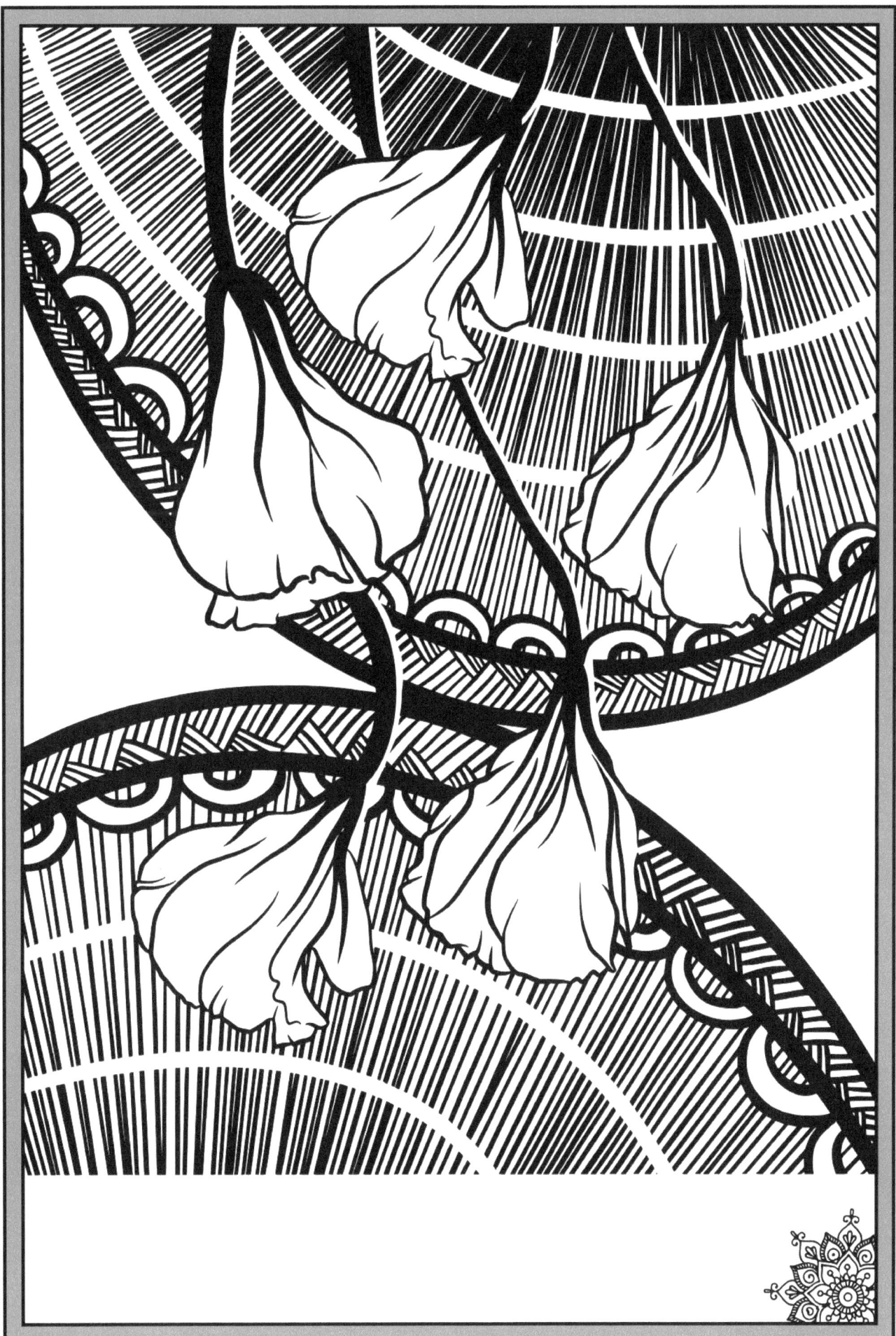

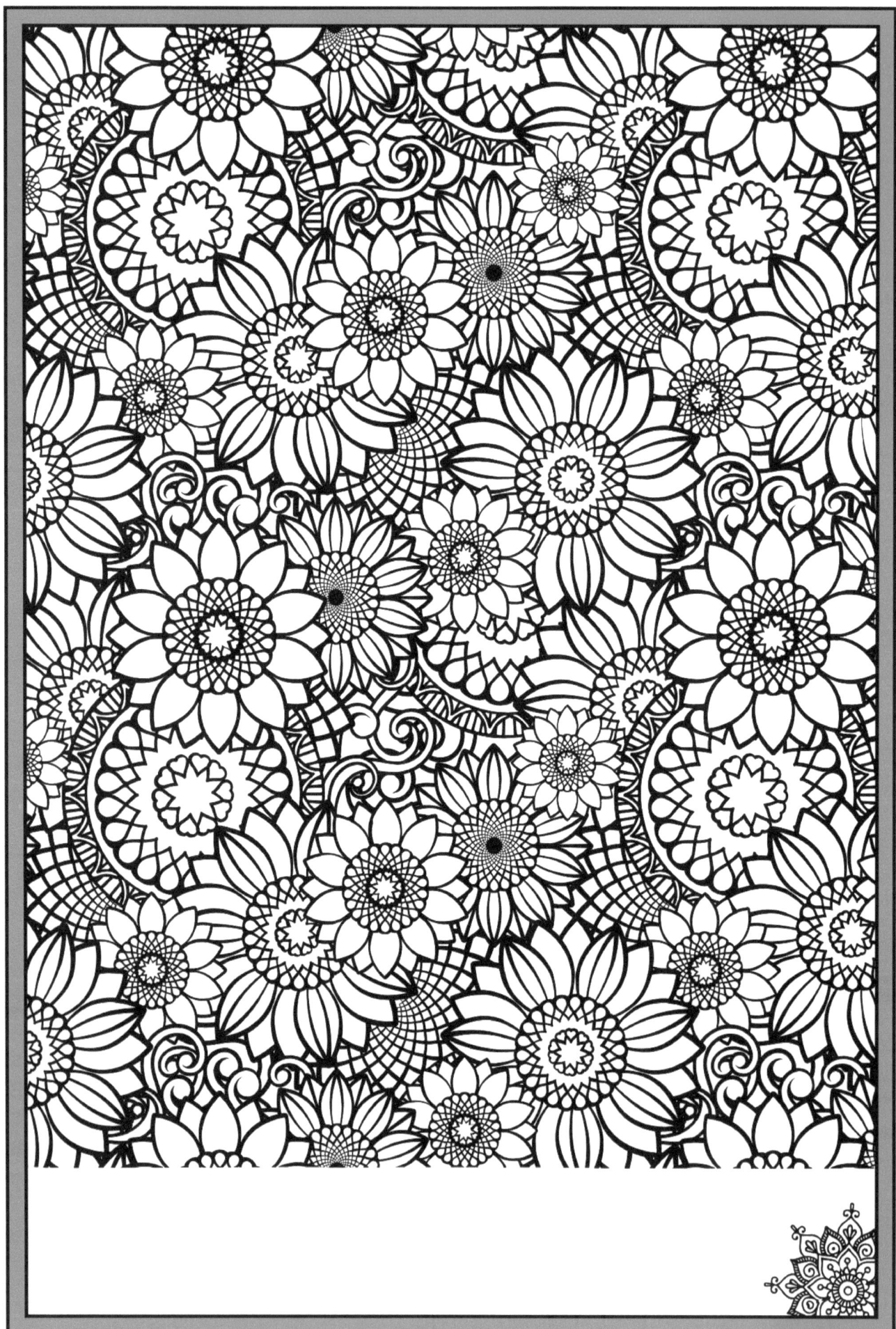

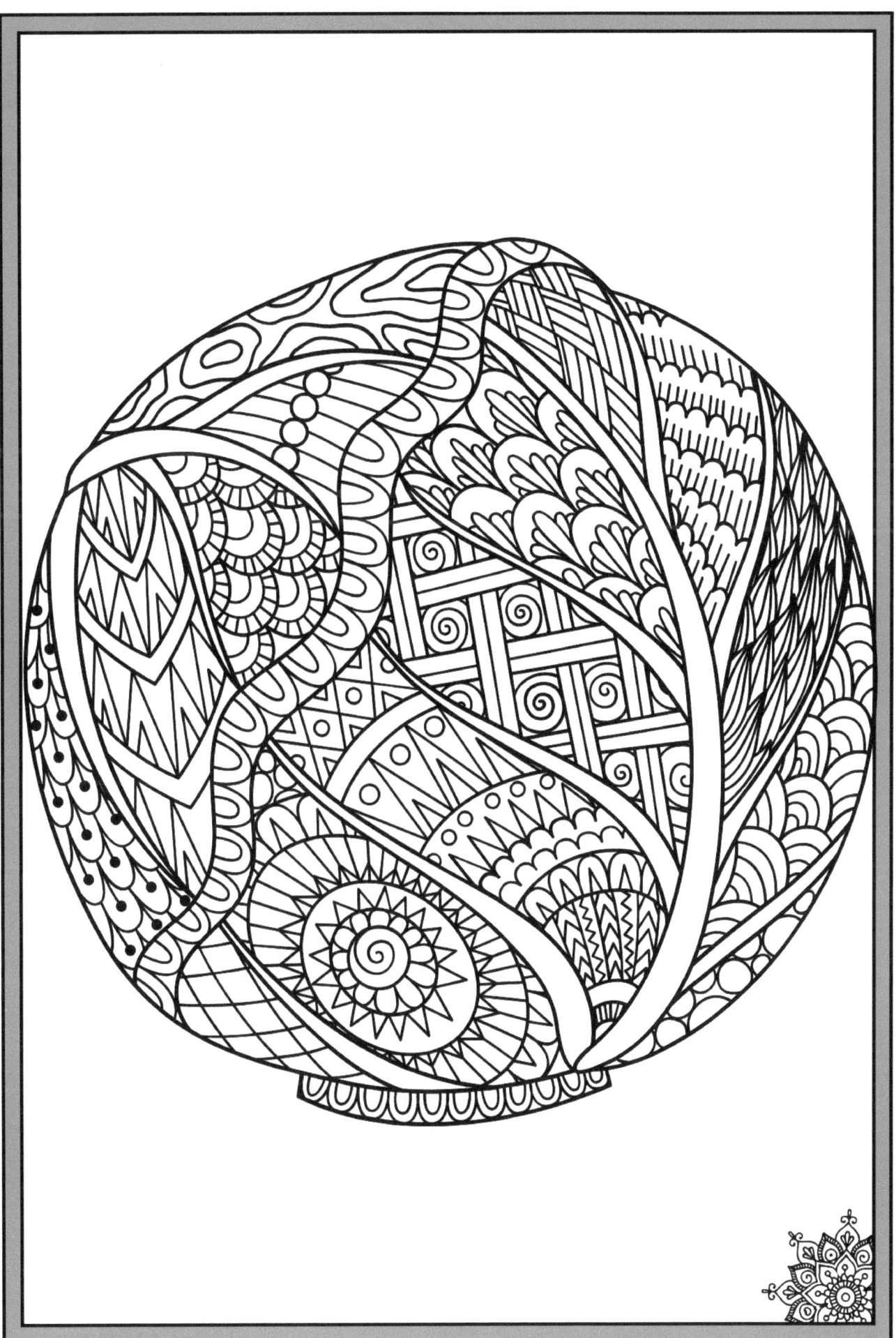

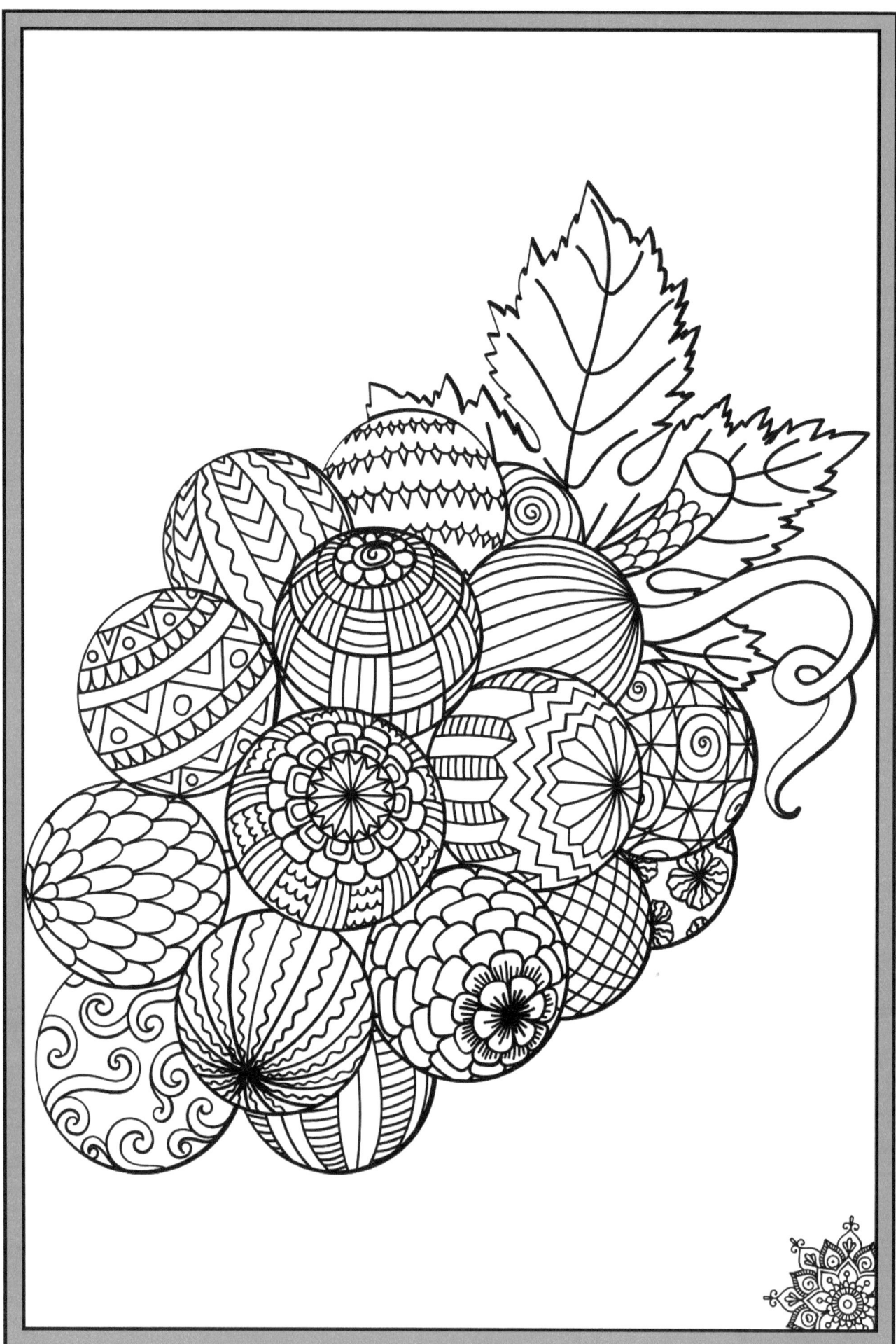

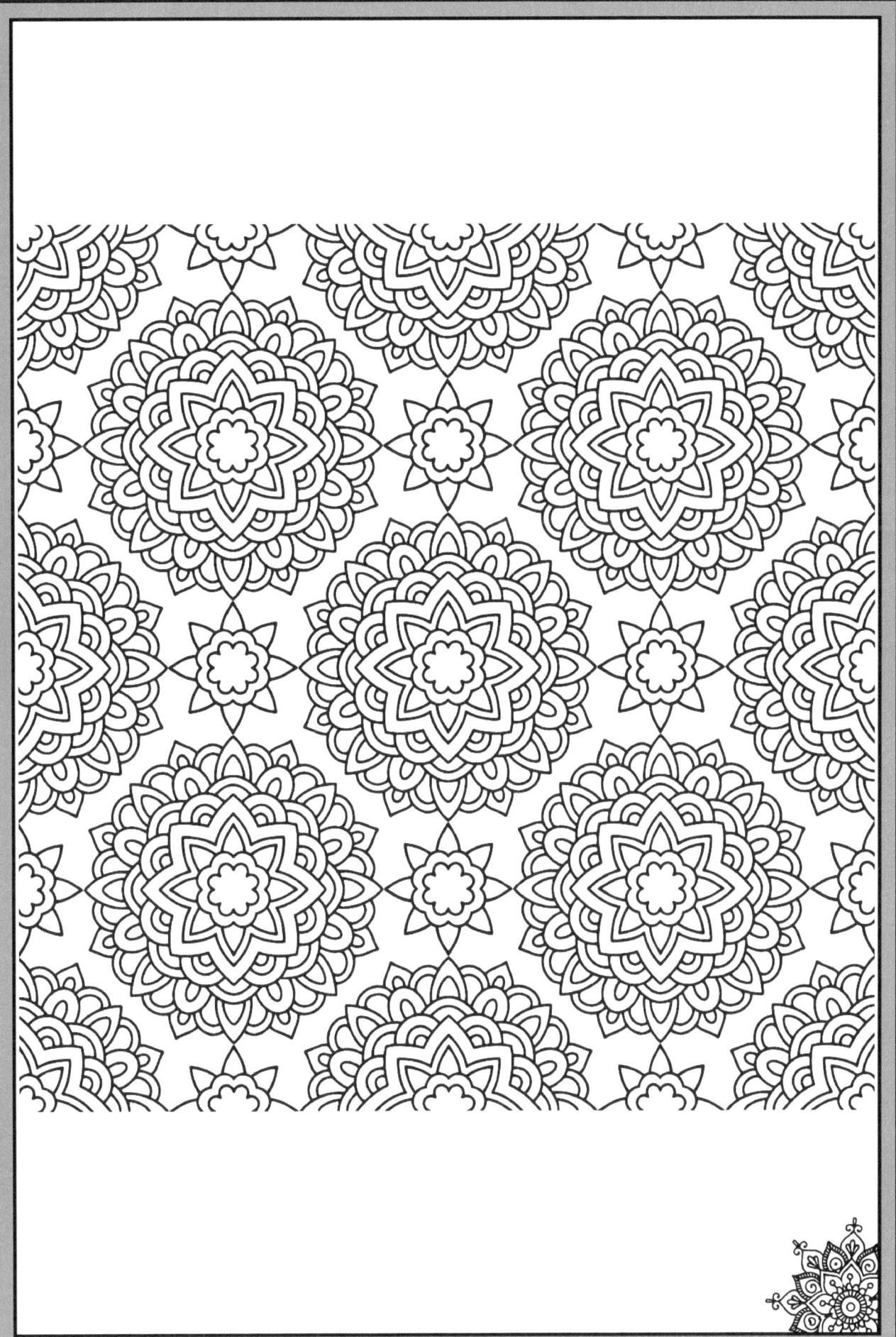

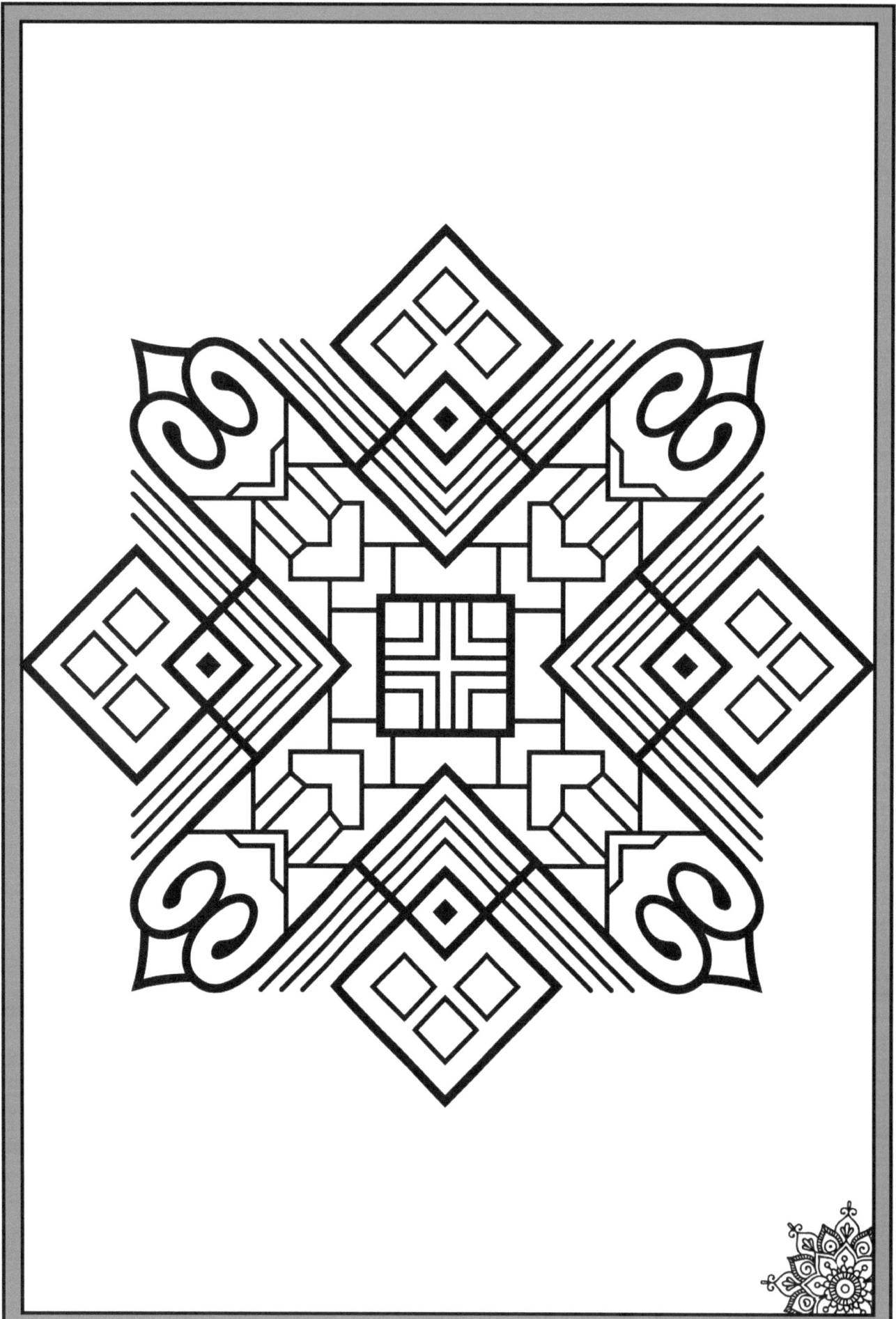

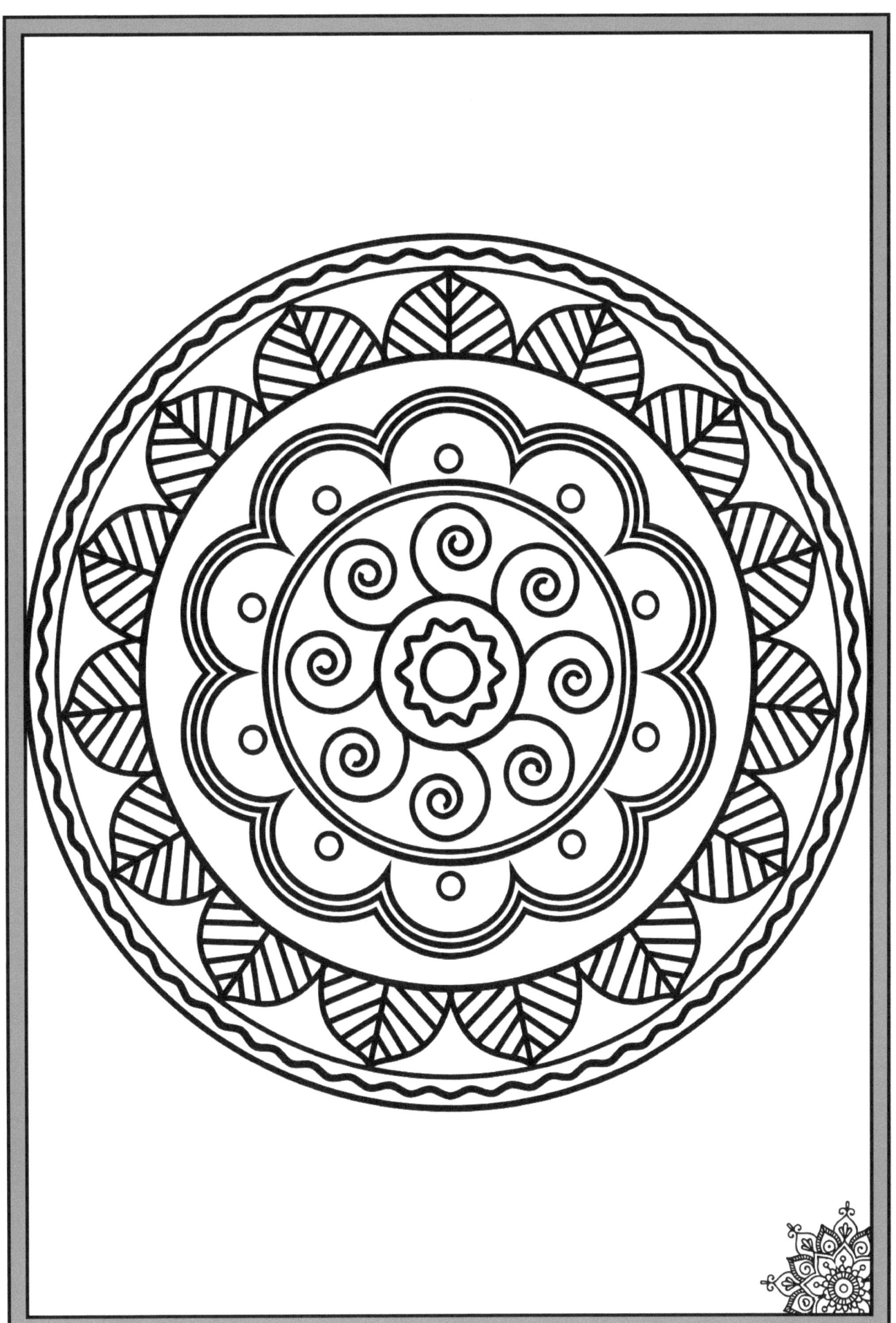

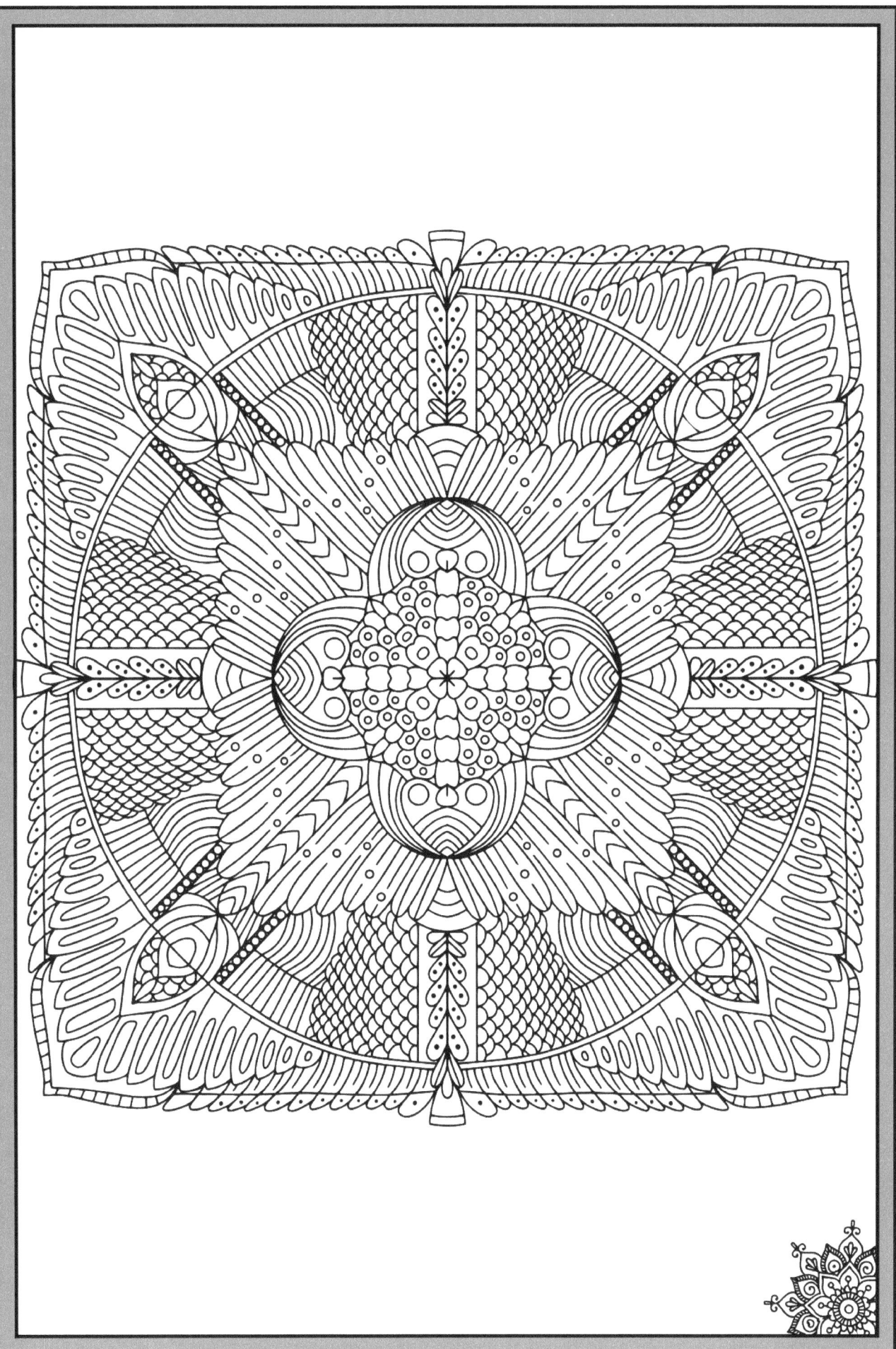

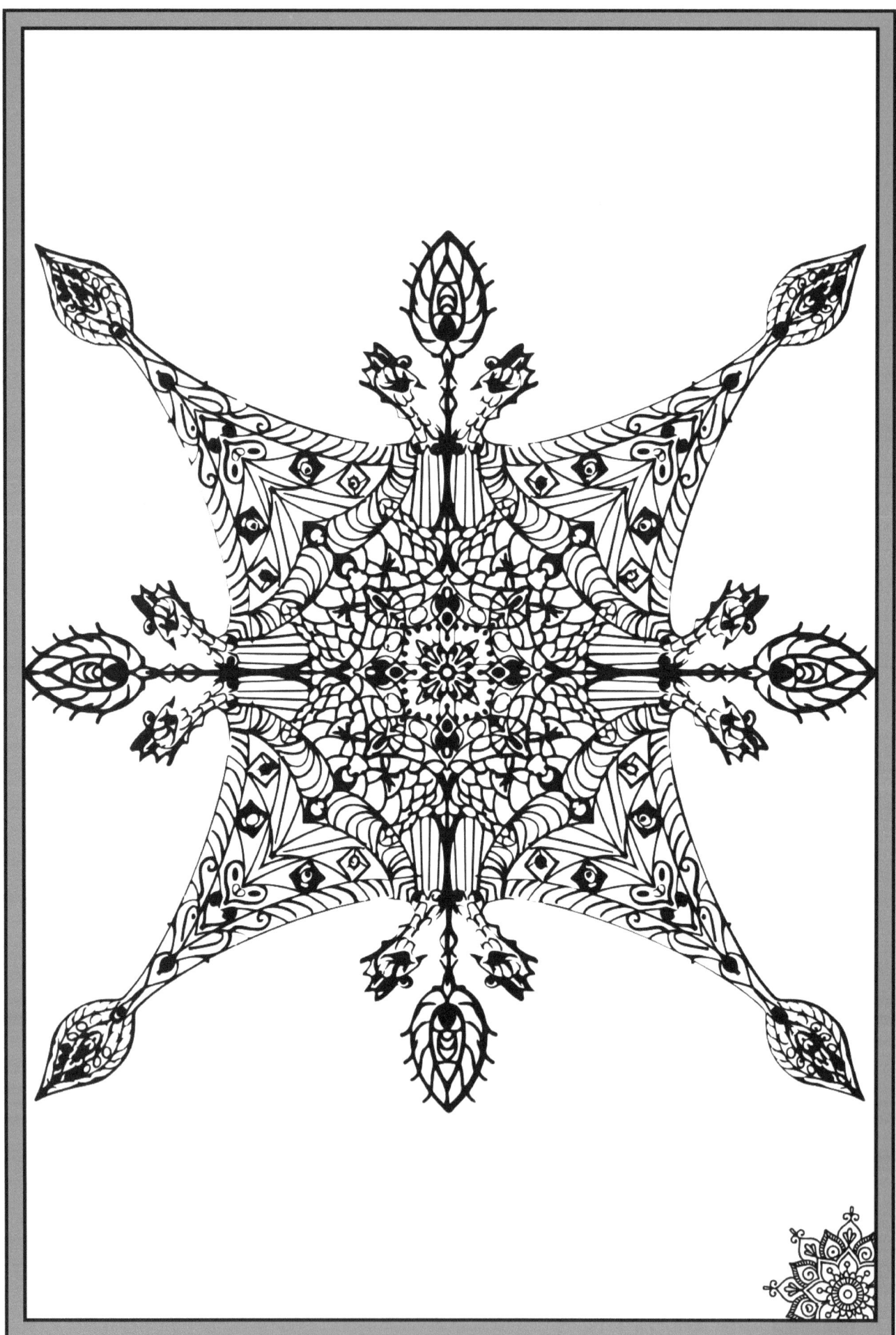

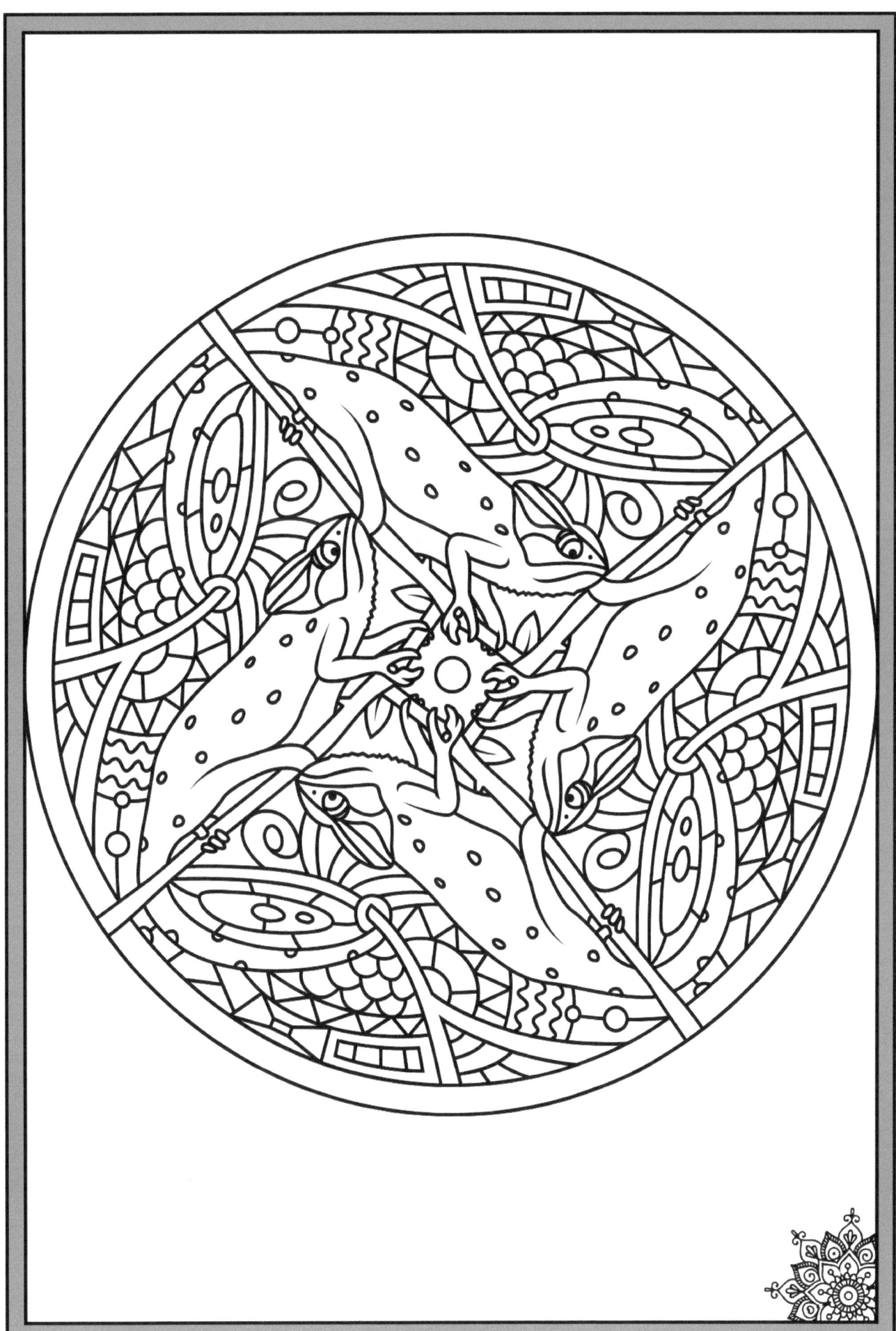

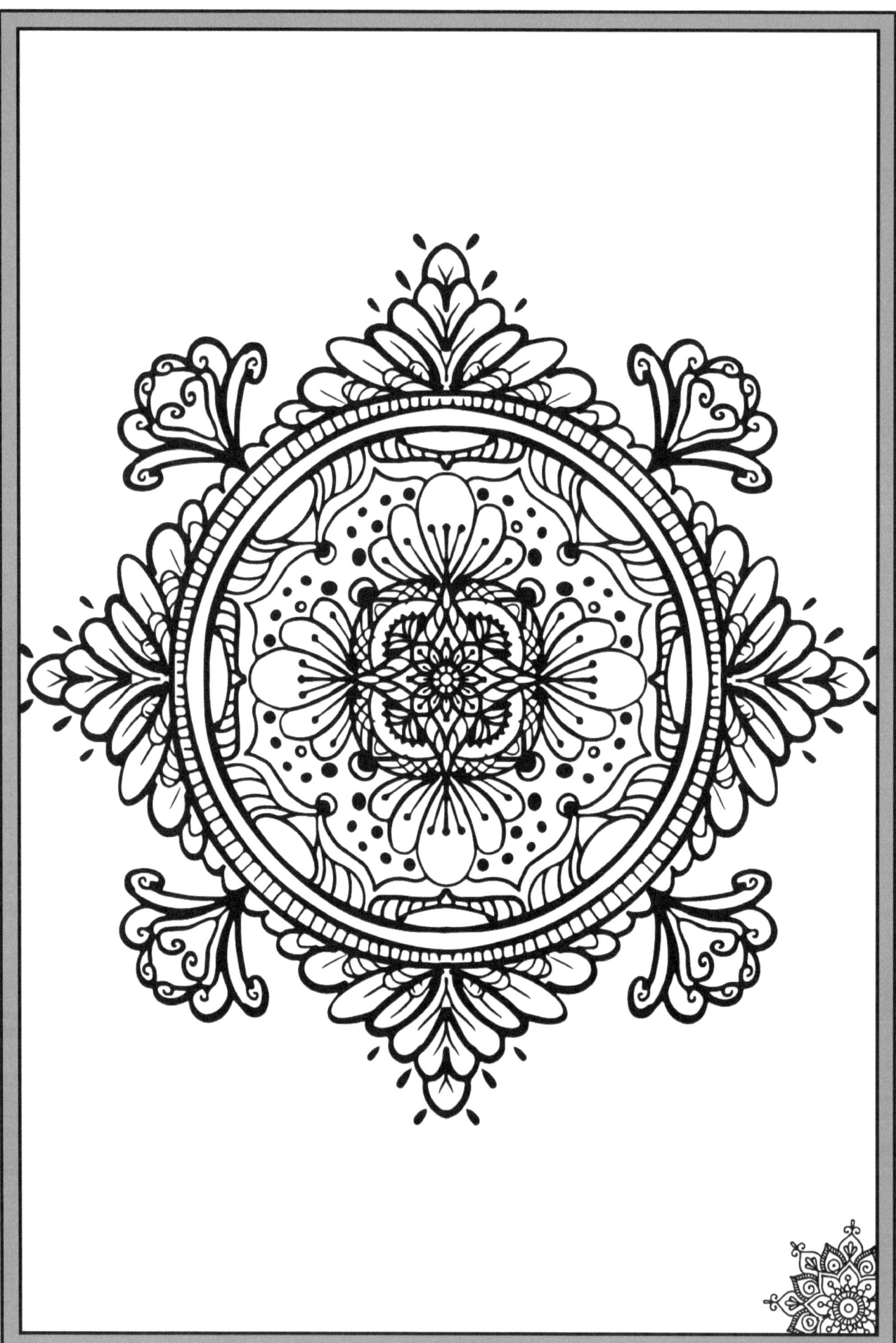

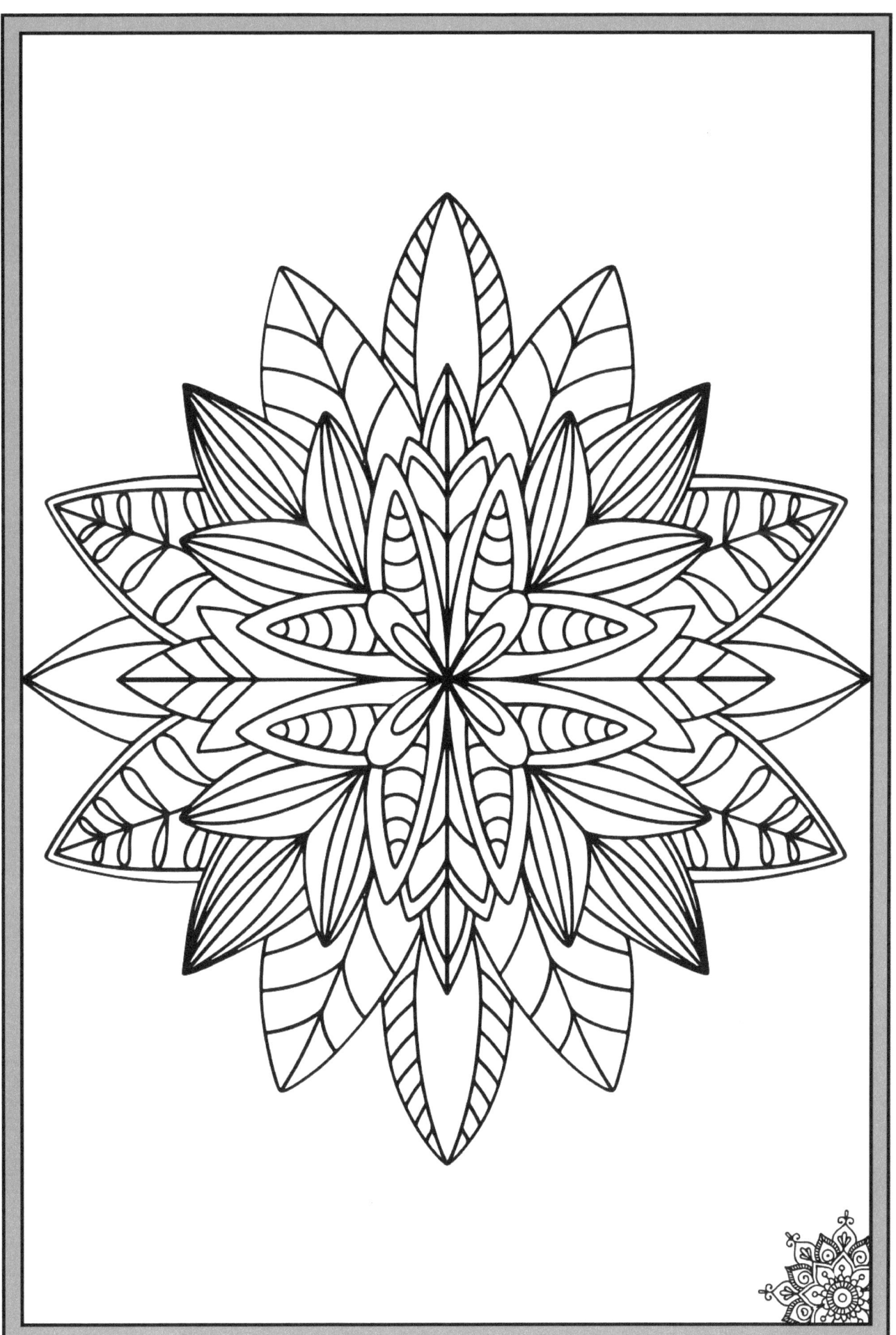

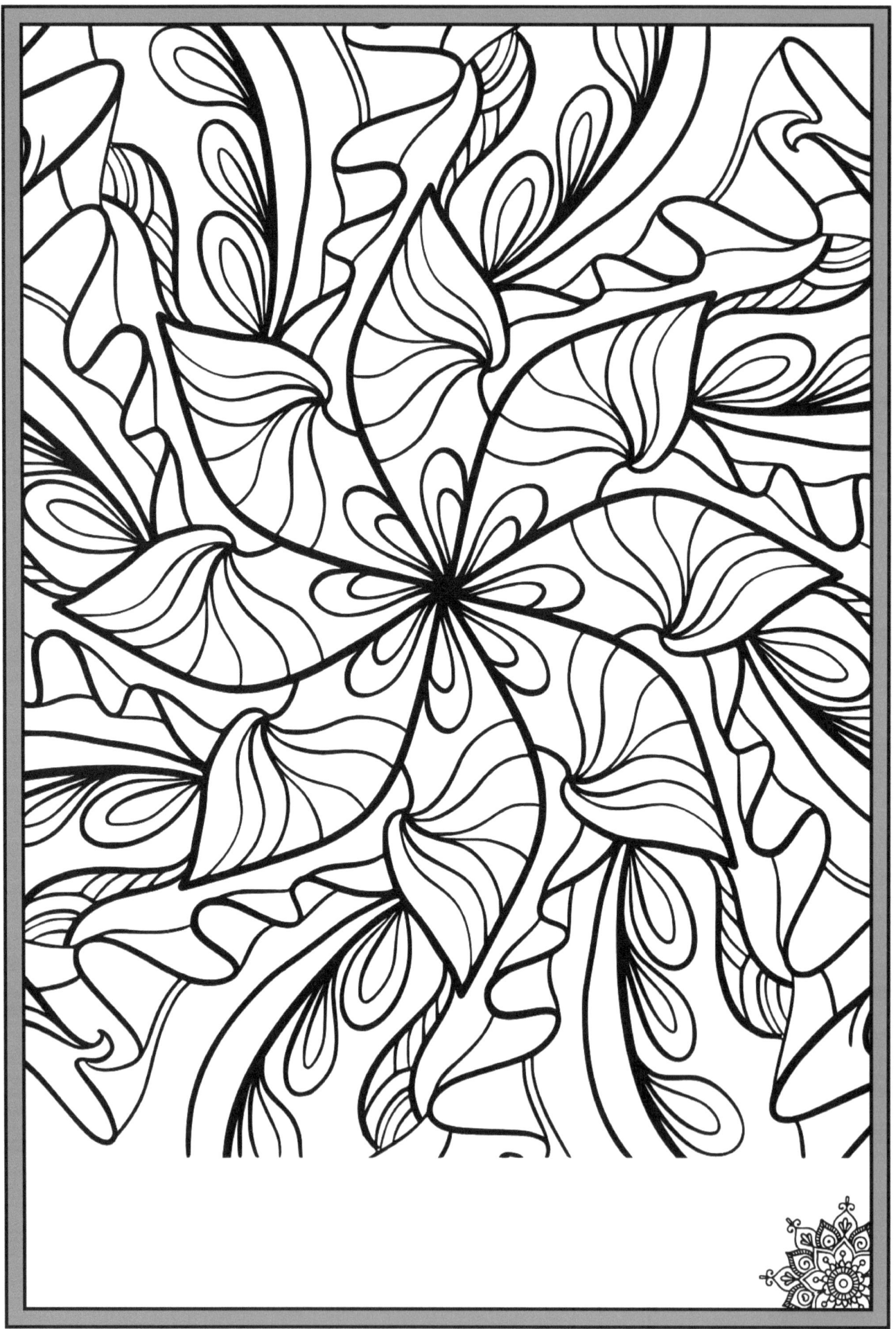

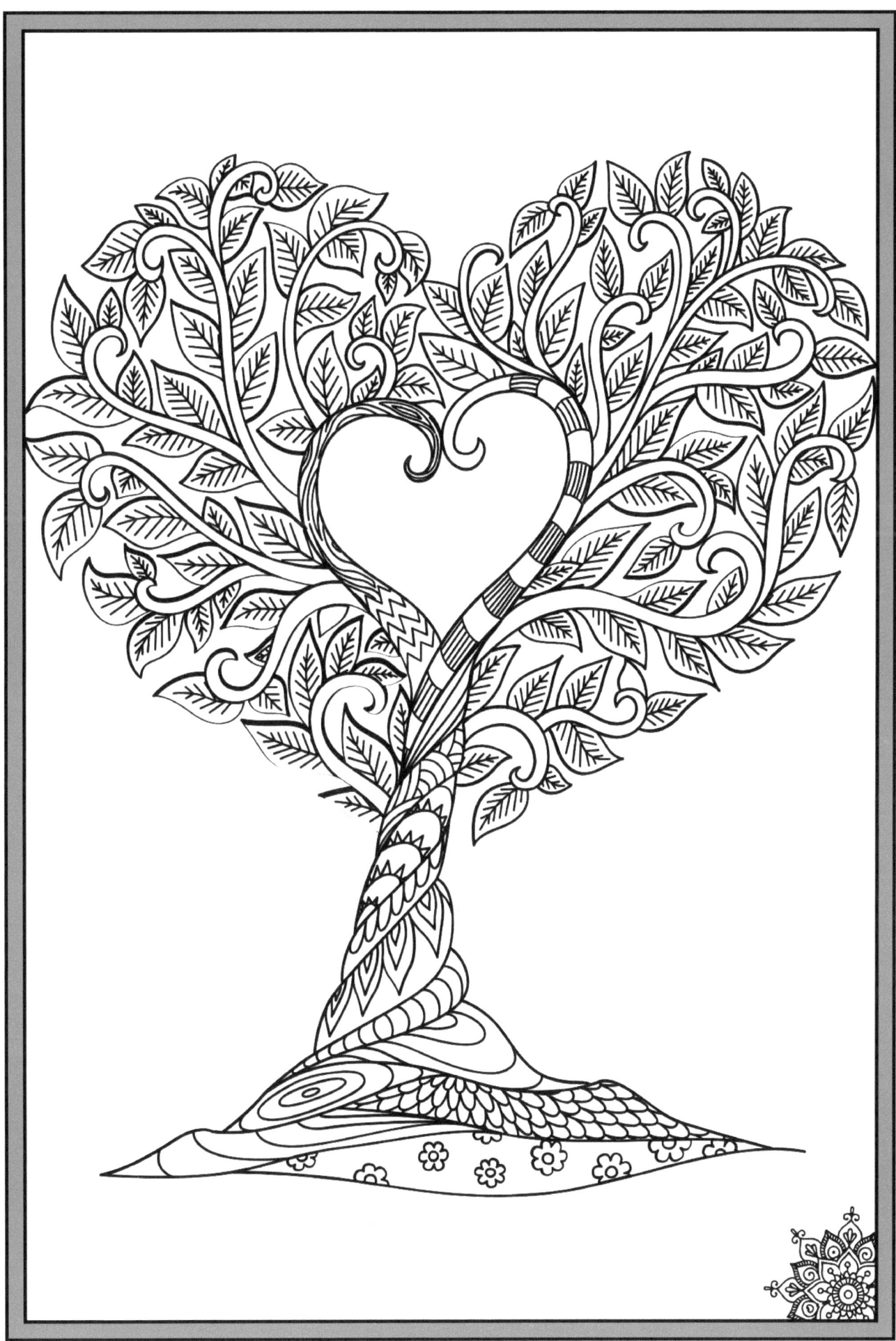

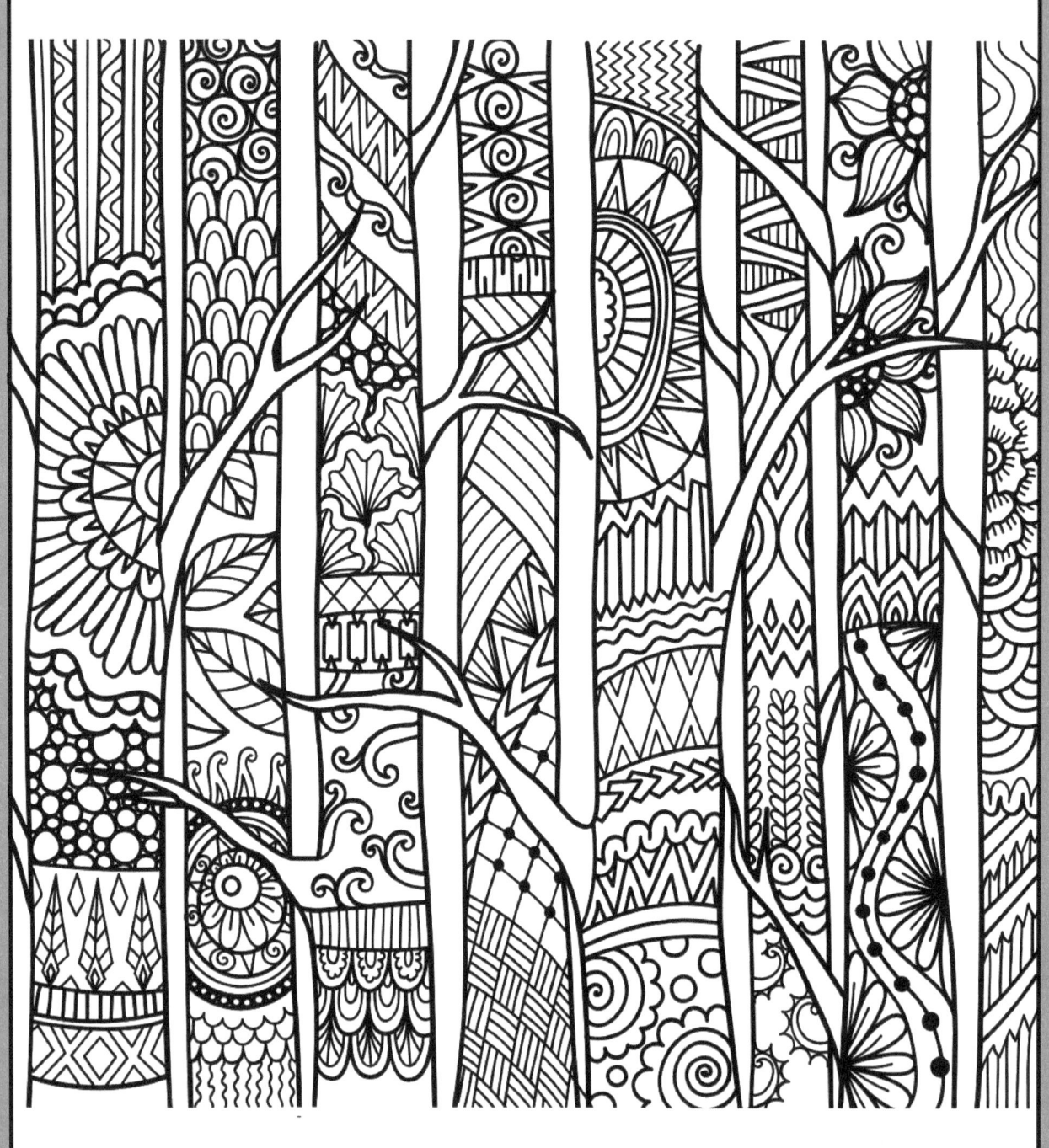

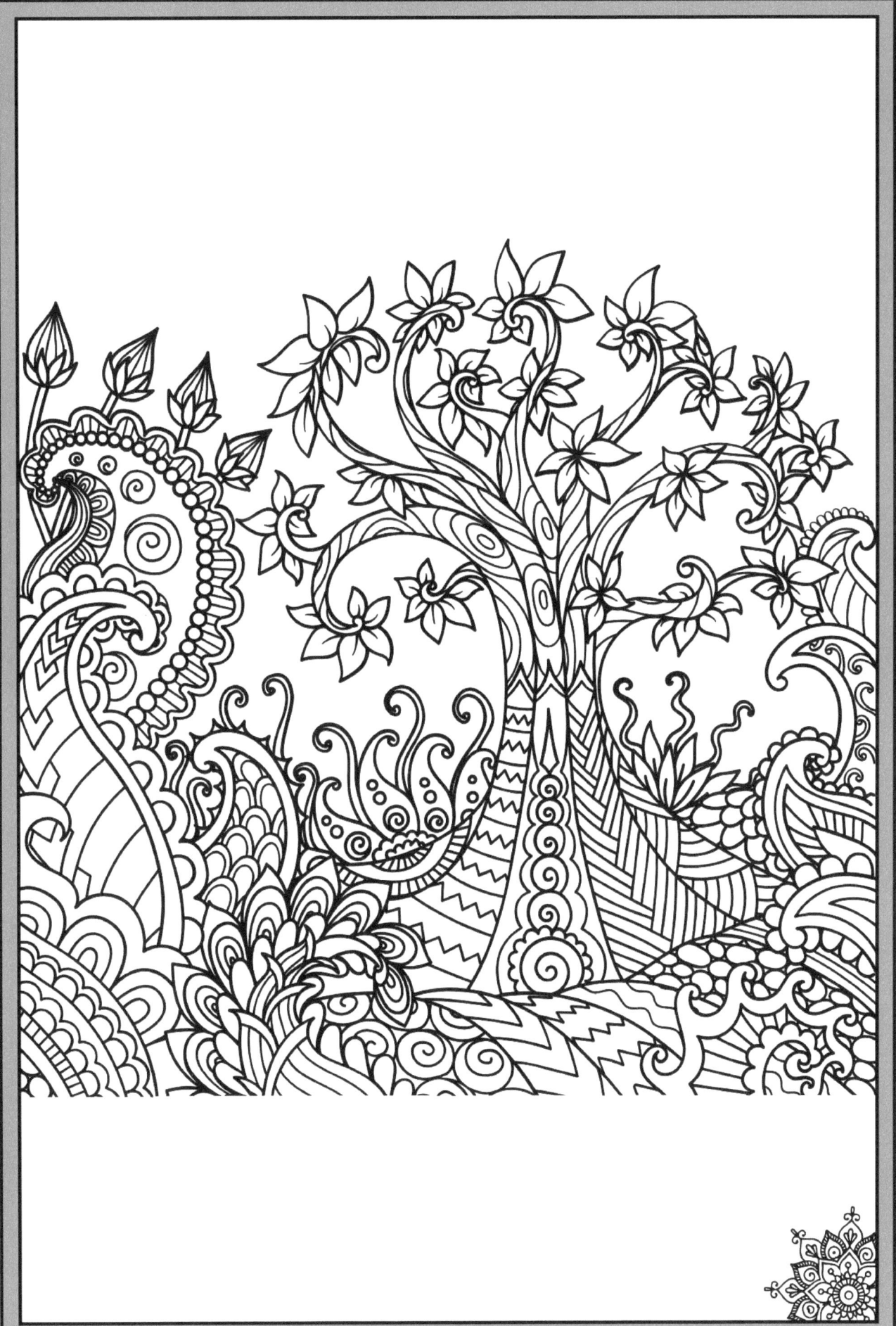

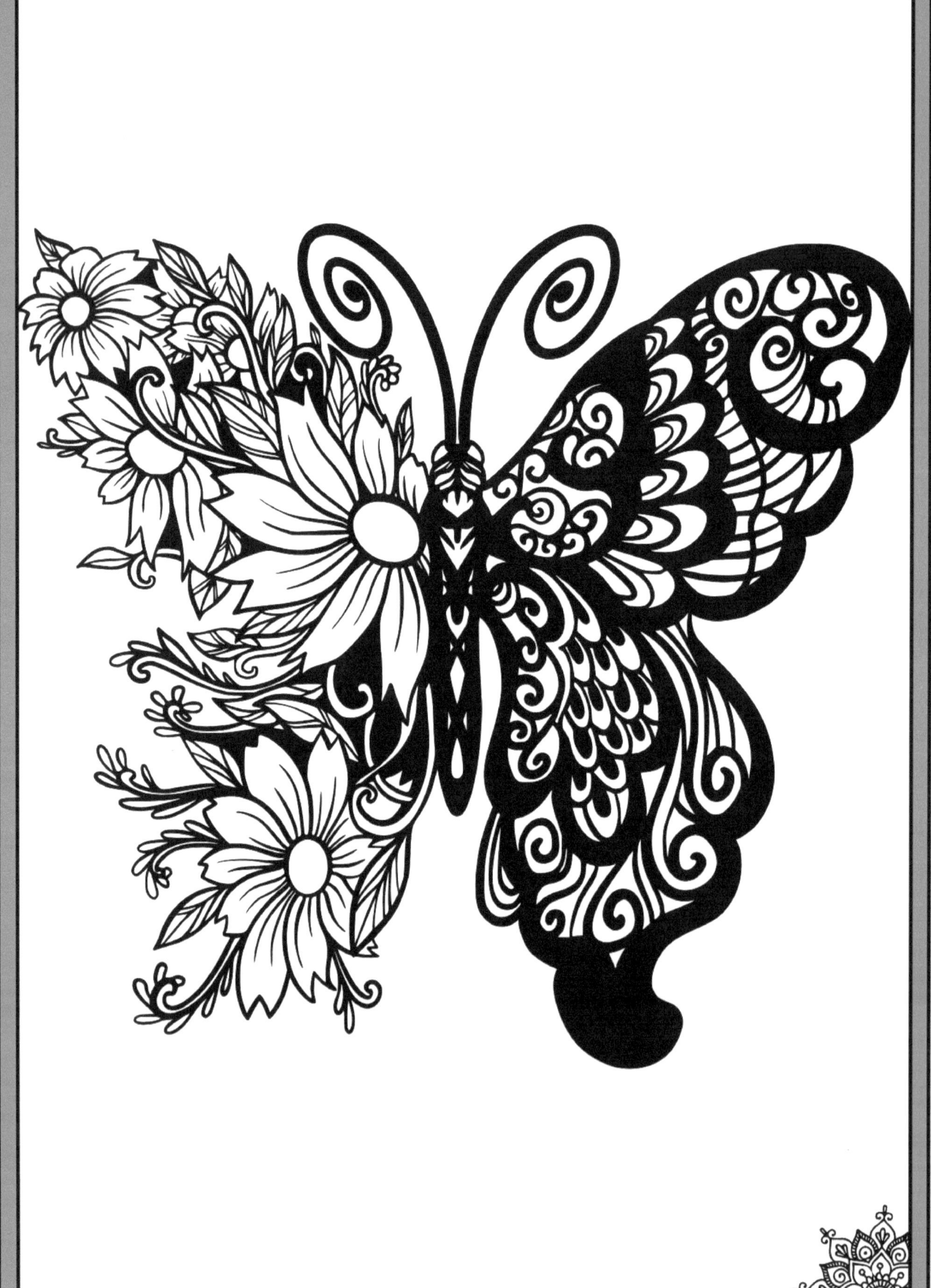

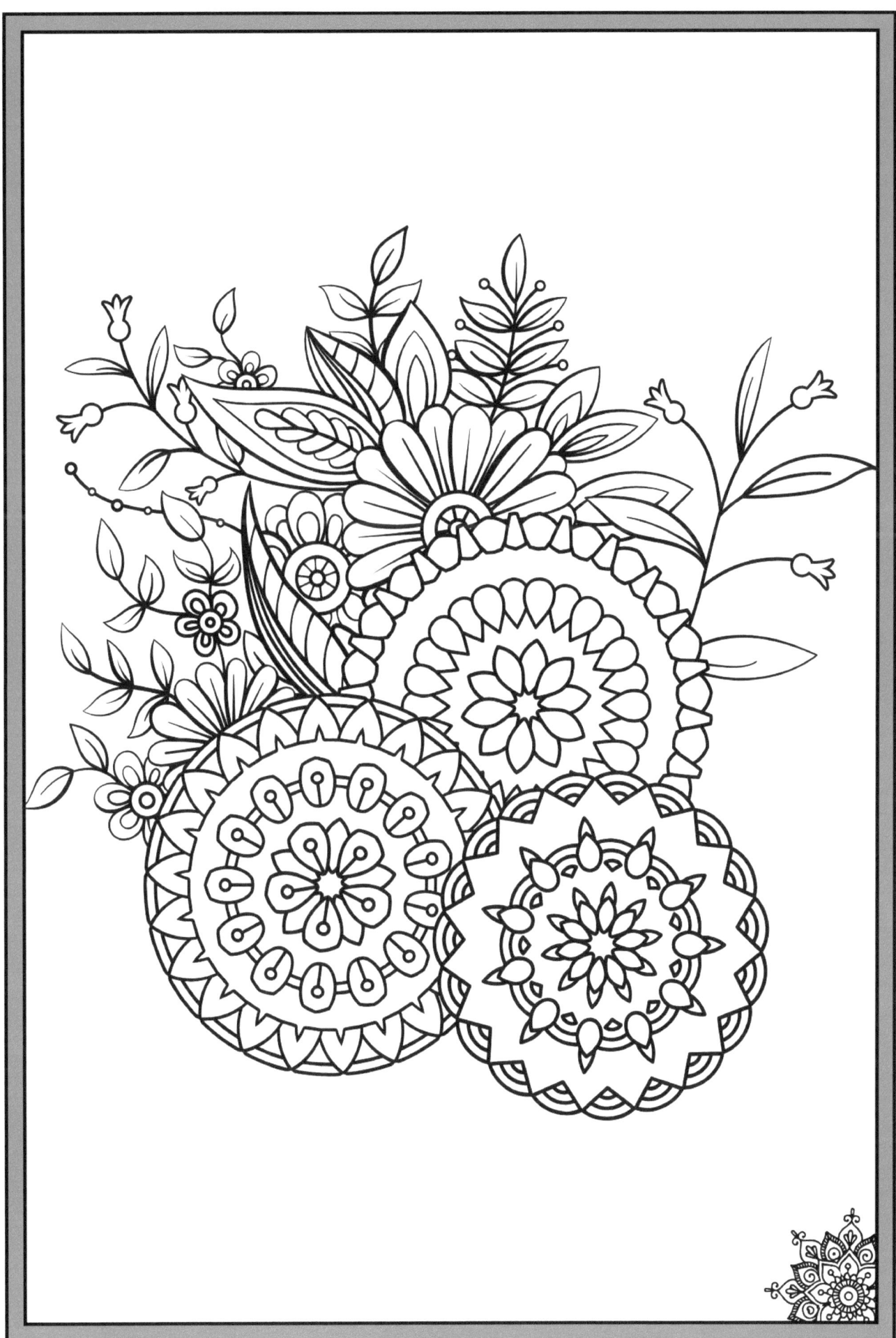

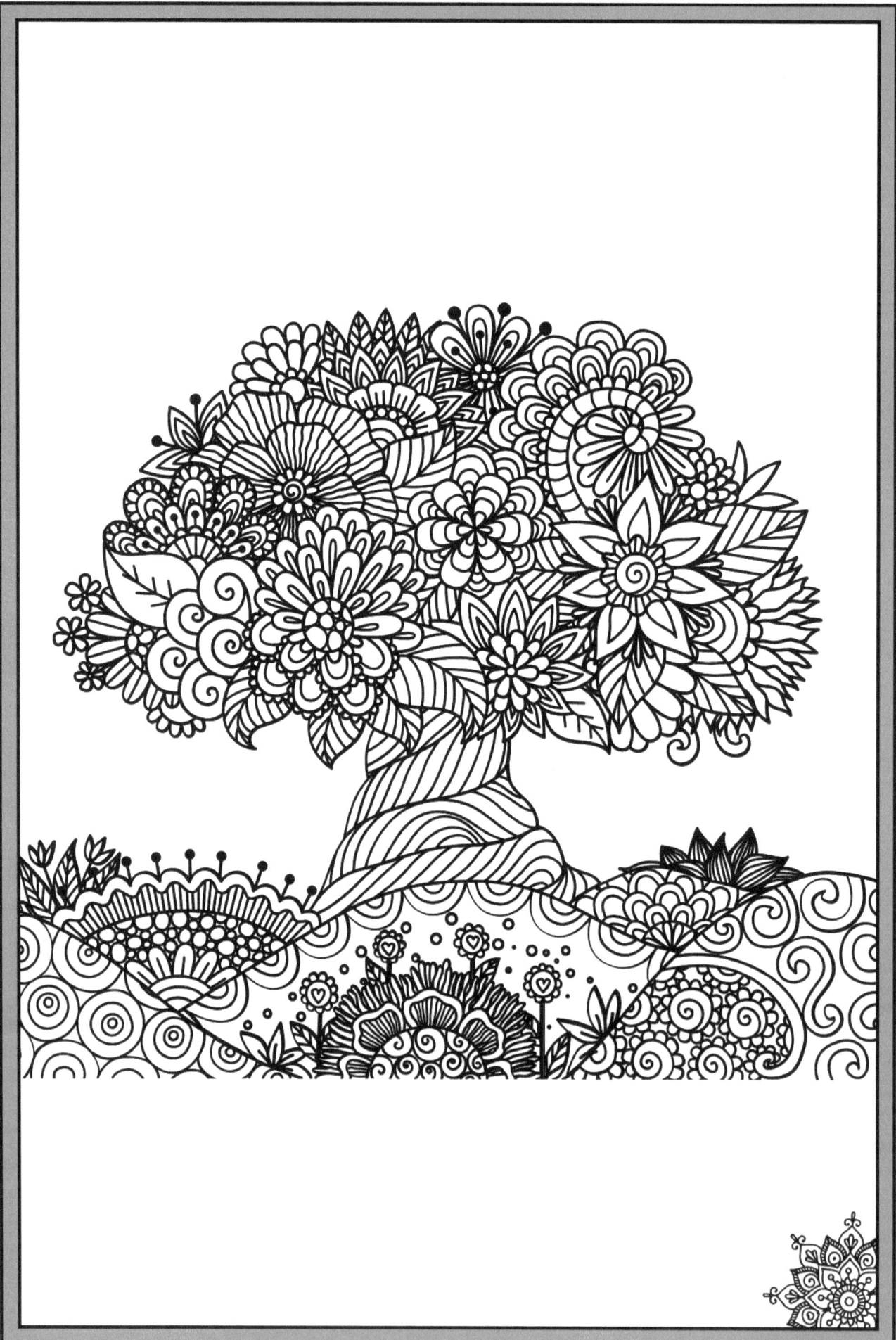

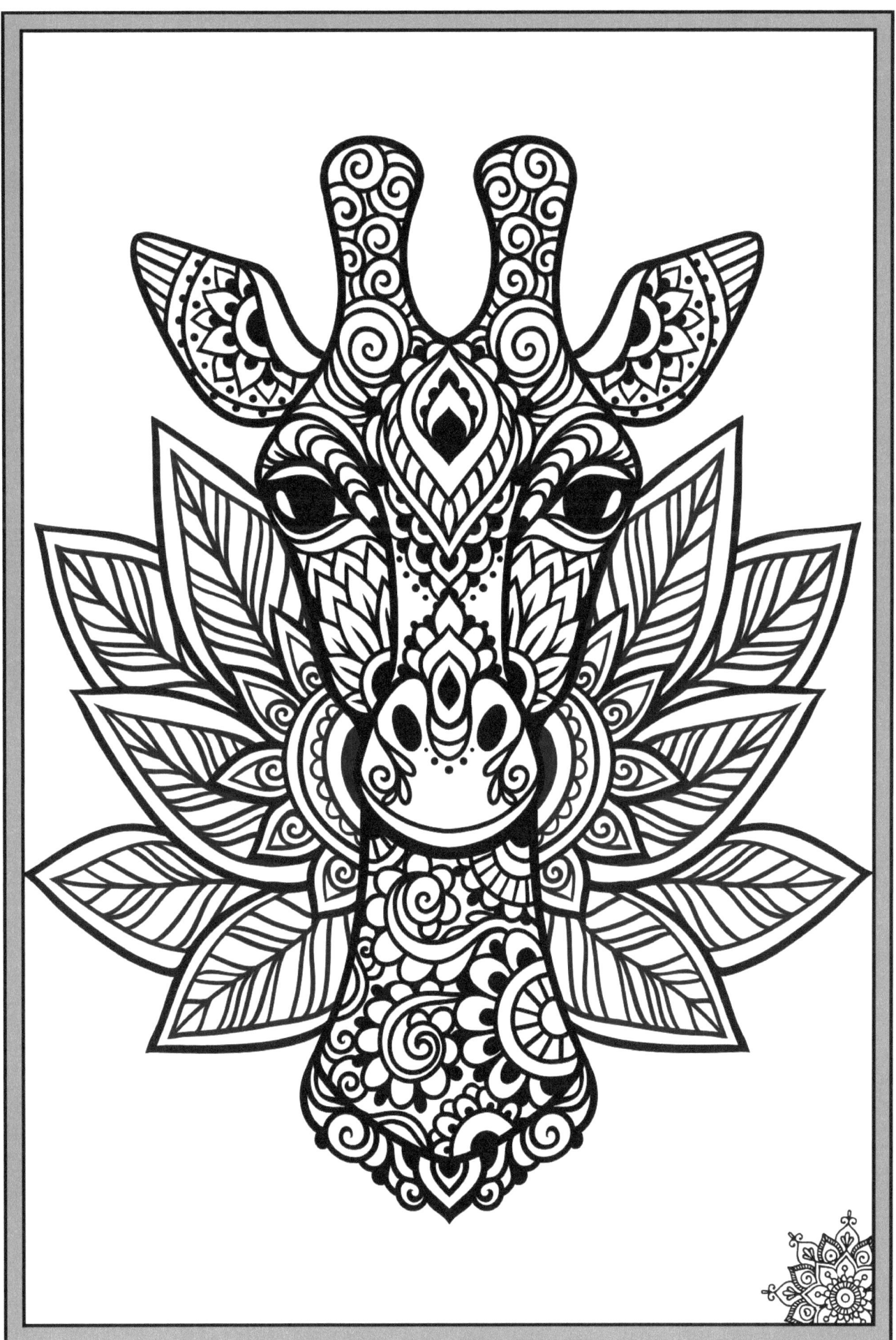

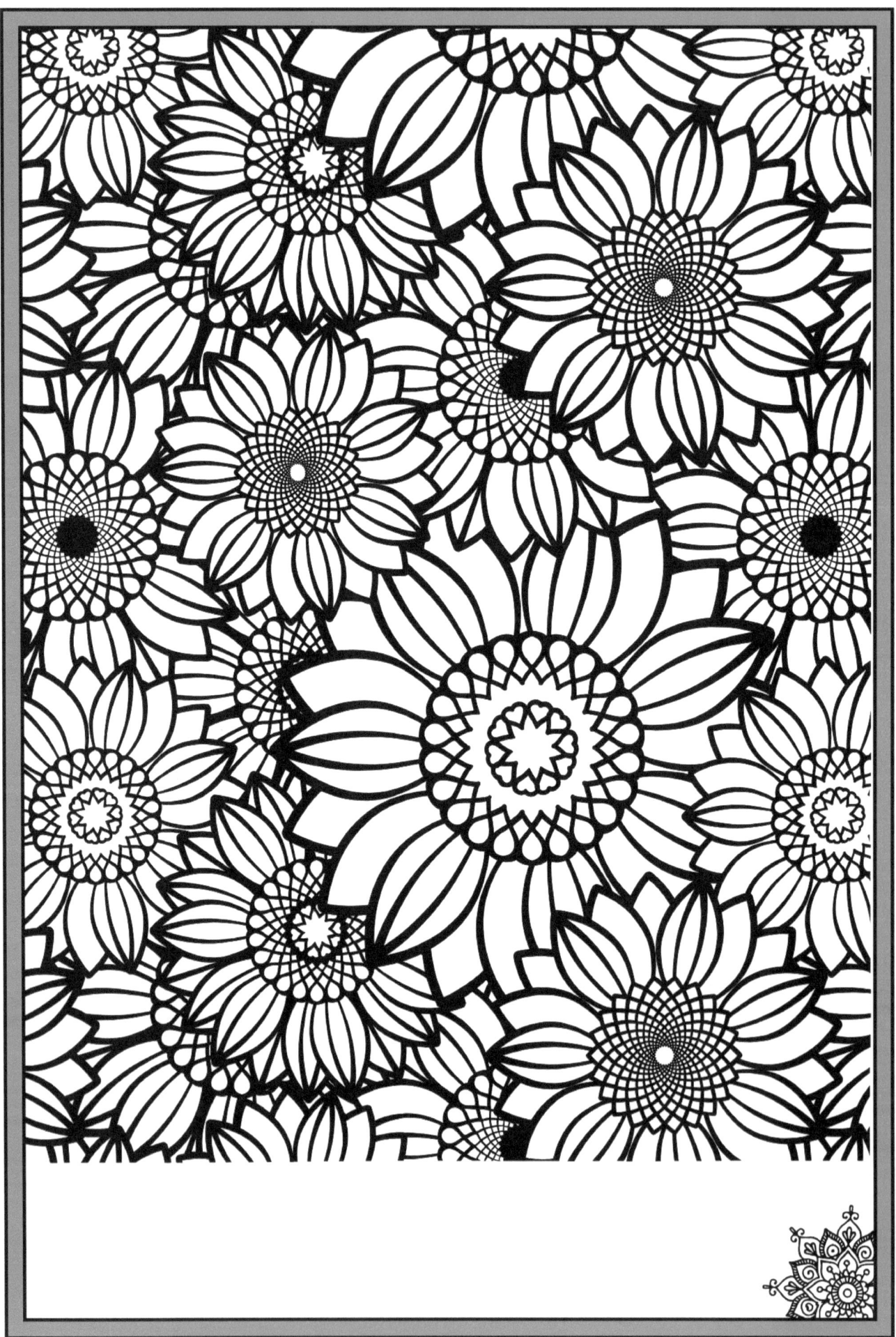

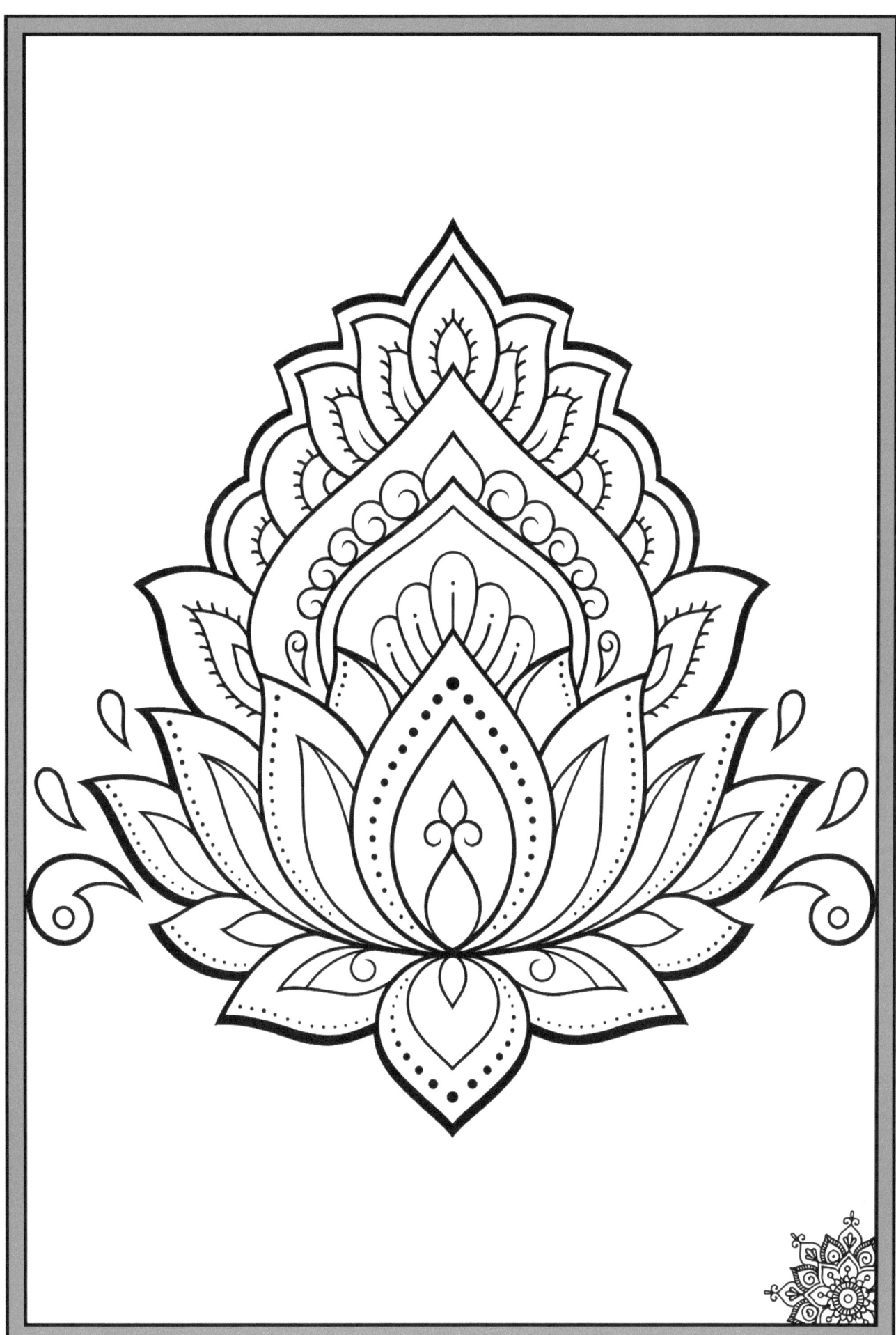

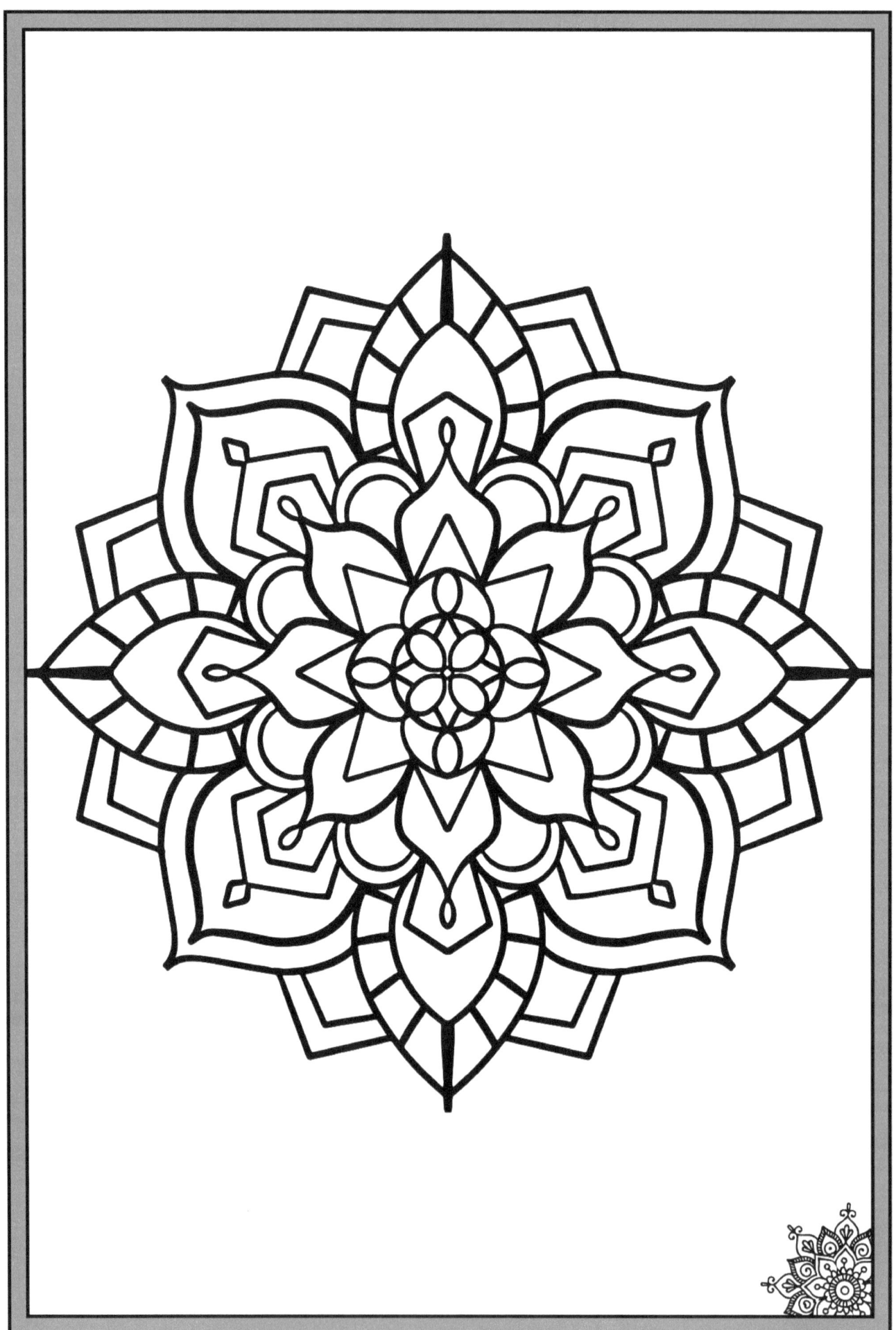

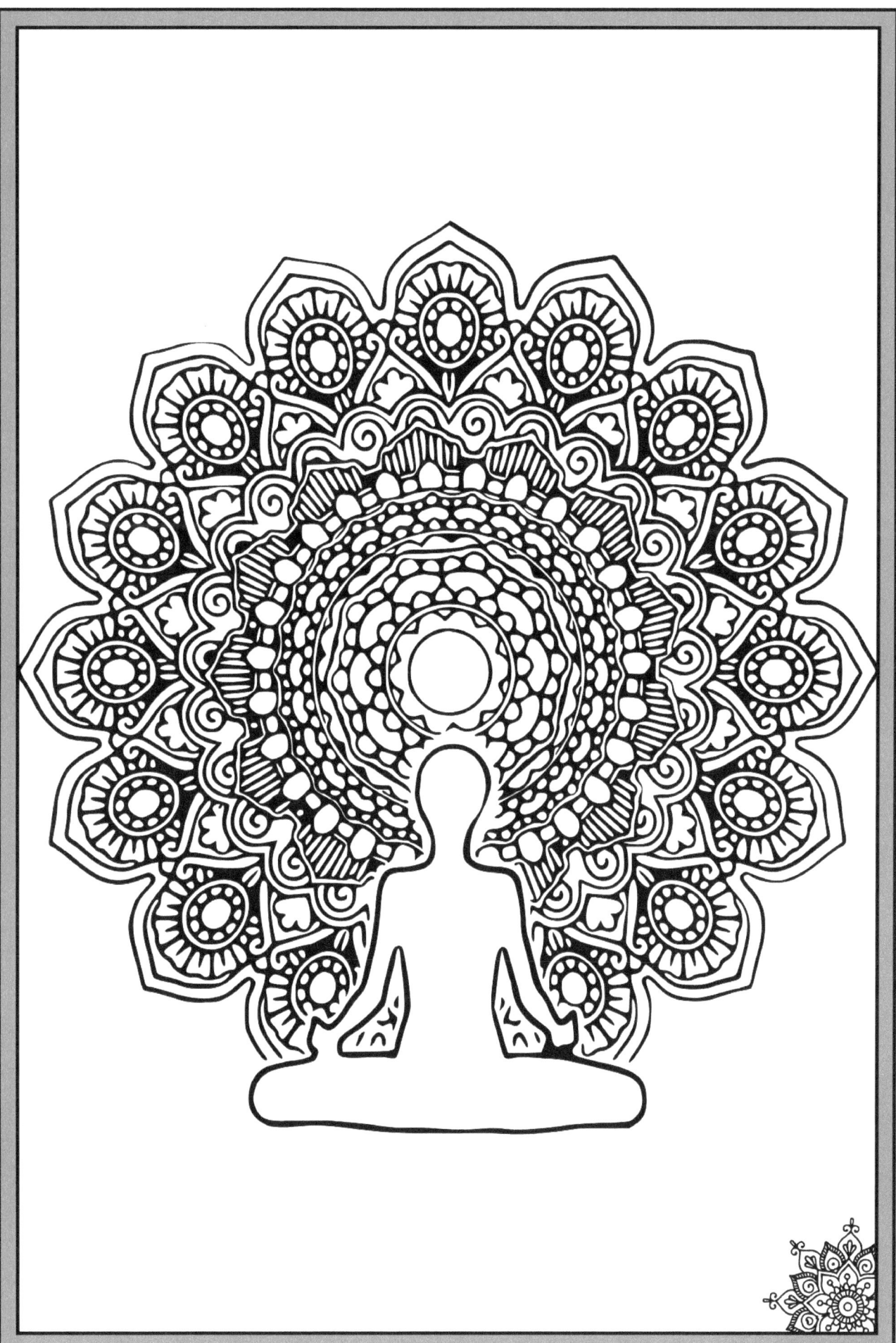